Inhalt

Dank

Dieses Buch wäre nicht möglich gewesen ohne die besondere Hilfsbereitschaft einer Vielzahl von Unterstützern. Großen Dank schulde ich Siegfried Bufe, Dipl.-Ing. Helge Hufschläger, Robert Schäffer und Andreas Zech, die mich über längere Zeit hinweg mit fachlichem Rat beim Erstellen dieses Buches begleitet und mir viele historisch wertvolle Fotos, Pläne und Dokumente überlassen haben.

Von unschätzbarem Wert war auch die Unterstützung durch Günter Platschek, der viele betriebliche Details vergangener Jahrzehnte beigetragen hat und mir sehr engagiert mit Rat und Tat zur Seite stand.

Viele historische Fotos und Dokumente haben den Weg in dieses Buch nur gefunden, weil mir Robert Bayer, Erich Eckmair, Michael Köpferl, Georg Sattler, Benedikt Trischberger und Hans Winklmair ihre Archivbestände zur Verfügung gestellt haben. Wertvolle Hilfe bei den Recherchen konnte ich erhalten von Ehrenfried Jäger, Florian Krautbauer, Gunter Mackinger, Klaus Nottensteiner, Peter Schricker, Andreas Simon und Max Voigtmann.

Besonders bedanken darf ich mich auch beim Bad Tölzer Stadtarchivar Sebastian Lindmeyr, dem DB-Konzernbevollmächtigten für Bayern, Klaus-Dieter Josel, dem Bezirksleiter Betrieb Holzkirchen der DB, Christoph Gerg, und dem Leiter des Betriebswerkes Lenggries der BRB, Armin Nachtschatt, die mich in besonderer Weise unterstützt und damit wesentlich zum Gelingen des Buches beigetragen haben.

Nicht zuletzt möchte ich auch dem Sutton Verlag und insbesondere seiner Produktmanagerin Saskia Parakenings für die gute und vertrauensvolle Zusammenarbeit danken.

1	2	3	4	5	6	7
Vz 1288 3.	1 Pwi, 3 Ci, bis 3 Ci Bd	18	(Tegernsee—)Schaftlach—München	1279	992	S. Bd.
1288 3.	4 Czi Bd, 5 Czi, 1 Pwzi	1291	Lenggries—München	1291	989	S, bis 20. II. 38.
	1 Pwi, 3 Czi	18	(Tegernsee—)Schaftlach—München	„	991	S, bis 20. II. 38.
	2 Czi	18 / 24	(Tegernsee—)Schaftlach—München	1273	1025	S.
	1 Czi	18 / 24	(Tegernsee—)Schaftlach—München	1275	1024	S.
1290 3.	1 Czi Bd, 4 Czi, 1 G	1279	Lenggries—München	1279	987	Sa.
	1 G, 3 Ci, bis 3 Ci n. Bed	30	(Tegernsee—) Schaftlach—München	„	992	
1291 3.	1 Pwzi, 5 Czi	1296	München—Lenggries	1296	989	S, 27. V.
	3 Ci, 1 Pwi (2 Ci Verst. b. g. W.)	„	München—Tegernsee	21	991	S, 27. V.
1291 3.	1 Pwzi, 5 Czi, 4 Czi Bd	1288 / 1294	München—Lenggries	1288 / 1294	989	S.
	3 Czi, 1 Pwi	1288 / 1294	München—Schaftlach (—Tegernsee)	21	991	S.
1294 3.	4 Czi Bd, 5 Czi, 1 Pwzi	1291	Lenggries—München	1291	989	S, ab 27. II. 38.
	1 Pwi, 3 Czi	24	(Tegernsee—)Schaftlach—München	„	991	S, ab 27. II. 38.
	1 Czi	18 / 24	(Tegernsee—)Schaftlach—München	1275	1024	S.
	2 Czi	18 / 24	(Tegernsee—)Schaftlach—München	1273	1025	S.
1296 3.	5 Czi, 1 Pwzi,	1291	Lenggries—München	1291	989	S, 27. V.
	1 Pwi, 3 Ci * 2 Czi Verst. b. g. W.	„	(Tegernsee—)Schaftlach—München	1291	991	S, 27. V. *Aus Uml. 1029.
1298 3.	3 Czi, 1 G	1267	Lenggries—München	1267	988	S b.g.W. v. 20. VI. bis 5. IX.
	3 Czi, 1 G	28	(Tegernsee—)Schaftlach—München	1267	990	
Kp 1300 2. 3.	1 Pwi, 2 Ci, 1 BCi, 1 Cz	1315	Ingolstadt—Augsburg	1311	1512	
	(1 Mk Mü 3076)	—	„ „	—	—	
Tp 1301 3. MB	1 CvT, 1 Cv	1316	Ingolstadt—Regensburg	1306	1513	Mo, Mi, vS.
	1 Cz, 2 Ci, 1 Pwi	„	„ „	1316	„	Mo, Mi, vS.

Am 10. Juli 1968 verlässt die Dampflok TAG 6 mit dem Zug P11 nach Tegernsee den Schaftlacher Bahnhof. Rechts ist die 216 022 mit dem E 700 auf dem Weg nach München Hbf.

Stefan Wittich

Eisenbahnen im Oberland

Von Holzkirchen nach Lenggries

Die Geschichte der Strecke in Bildern

SUTTON

Zwischen 2007 und 2018 gehörte die V 126 (ex DB 212 089) zum Triebfahrzeugbestand der BOB und kam überwiegend für Schneeräumfahrten zum Einsatz. Am 28. Dezember 2015 steht sie abgestellt im Bw Lenggries.

Einband vorn: Das am 10. Juni 1966 in Schaftlach aufgenommene Foto zeigt 78 318 der DB auf Gleis 3 mit ihrem Zug nach München, während das alte bayerische Formsignal an Gleis 1 für die Diesellok TAG 11 der Tegernsee Bahn freie Fahrt Richtung Gmund zeigt.
Vorsatz: Der mit farblichen Kennzeichnungen des damaligen Personals versehene Zugbildungsplan von April 1937 zeigt, welches Wagenmaterial seinerzeit zum Einsatz kam.
Nachsatz: Dieser Ausschnitt aus dem grafischen Fahrplan 1972/73 vermittelt einen Eindruck vom Zugangebot und der Streckenkapazität der damaligen Zeit.
Einband hinten: Am 28. Dezember 2015 fährt ein Integral zwischen Reichersbeuern und Bad Tölz durch ein ganz und gar nicht winterliches Bayerisches Oberland.

Impressum

Sutton Verlag GmbH
Schweickhardtstraße 1
72072 Tübingen
www.suttonverlag.de

ISBN: 978-3-96303-466-4
Printed in Poland by CGS
Gestaltung und Herstellung: Sutton Verlag

In diesem Buch wird aus Gründen der besseren Lesbarkeit das generische Maskulinum verwendet. Weibliche und anderweitige Geschlechteridentitäten werden dabei ausdrücklich mitgemeint, soweit es für die Aussage erforderlich ist.

Einleitung

Das vorliegende Buch vervollständigt die Reihe „Eisenbahnen im Oberland“, in der schon zwei Bände zur Strecke Holzkirchen–Bayrischzell und zur Tegernsee Bahn erschienen sind. Einen wesentlichen Anlass für diese Veröffentlichung gibt das Jahr 2024, in dem die Strecke von Holzkirchen nach Bad Tölz 150 Jahre besteht und deren Weiterführung nach Lenggries 100 Jahre zurückliegt. Unabhängig von diesem Doppel-Jubiläum lag es nahe, die Lücke in der Buchreihe zu schließen und der Eisenbahnverbindung in den Isarwinkel einen eigenen Band zu widmen. Denn so sehr die von Holzkirchen ausgehenden Streckenäste ins Bayerische Oberland heute durch das Flügelzug-Konzept der BRB miteinander verbunden sind, so unterschiedlich waren deren Entstehungsgeschichte und Entwicklung.

Die Entscheidung zum Bau der Bahnlinie nach Miesbach fiel, weil die im dortigen Bergwerk abgebaute Kohle abtransportiert werden musste. Zur Anwendung kam das sehr seltene und nur für kurze Zeit praktizierte Geschäftsmodell einer Pachtbahn. Die spätere Weiterführung der Strecke nach Bayrischzell erfolgte dann aber unter der Regie der Königlich Bayerischen Staatseisenbahnen.

Ganz anders gestalteten sich die Bedingungen, unter denen die Tegernsee Bahn gebaut wurde. Der Gütertransport spielte dort kaum eine Rolle. Im Mittelpunkt stand vielmehr der Personenverkehr in eine wichtige Fremdenverkehrsregion. Vor diesem Hintergrund und den damit verbundenen Erwartungen an die Rentabilität kam es schließlich zur Gründung einer der wenigen länger bestehenden Privatbahnen.

In Bezug auf eine Strecke nach Tölz bestanden lange Zeit Zweifel an der wirtschaftlichen Tragfähigkeit. Ihr Bau wurde erst möglich, als das Vizinalbahngesetz für einige wenige Bahnlinien in Bayern günstigere Rahmenbedingungen für Ausführung und Finanzierung geschaffen hatte. Diese Unterschiede bei den drei Strecken im Bayerischen Oberland zeigen die Vielfalt der Entstehungsgeschichte der Eisenbahn im 19. Jahrhundert auf geradezu exemplarische Weise.

Die Bahnlinie von Holzkirchen nach Lenggries weist noch eine Reihe weiterer betrieblicher Besonderheiten auf, zu denen unter anderem der Bahnhof Schaftlach mit der Verbindung zur Tegernsee Bahn, die frühere Anschlussbahn nach Marienstein und das Betriebswerk der BRB in Lenggries gehören. Das vorliegende Buch versucht, den Bogen über diese vielen Facetten zu spannen.

Holzkirchen
Warngau
Schaftlach
Reichersbeuern
DB Netz
Tegernsee Bahn
Bad Tölz
Gmund
Marienstein
Tegernsee
Gaißach
DB Netz
Obergries
Lenggries

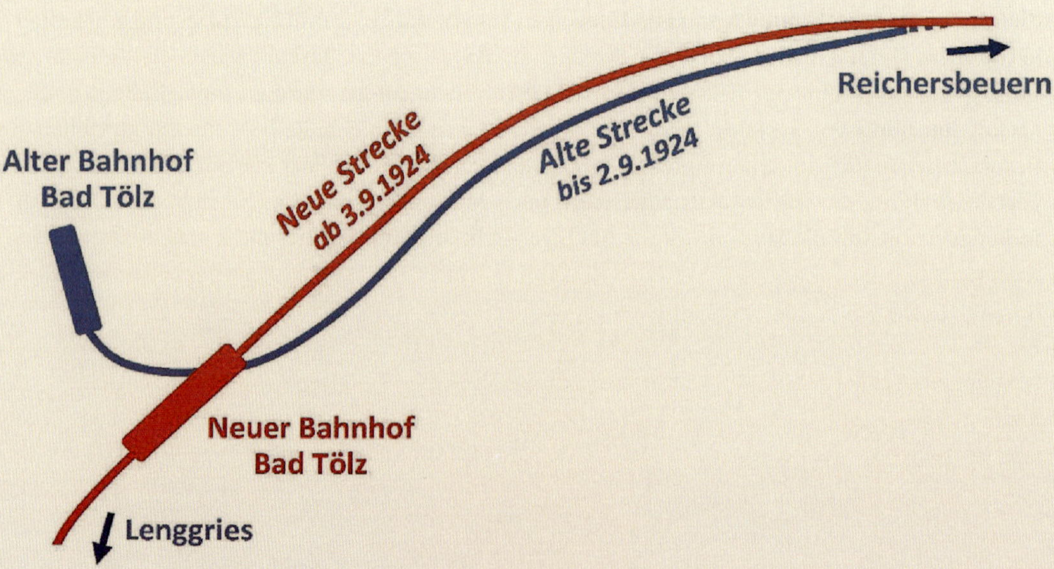

Reichersbeuern
Neue Strecke
ab 3.9.1924
Alte Strecke
bis 2.9.1924
Alter Bahnhof
Bad Tölz
Neuer Bahnhof
Bad Tölz
Lenggries

Die Ära von Königlich Bayerischen Staatseisenbahnen und Deutscher Reichsbahn

Die Geschichte der Strecken ins Bayerische Oberland steht in unmittelbarem Zusammenhang mit der Bayerischen Maximiliansbahn, deren Bau 1851 begonnen wurde, um das württembergische Netz in Ulm mit den österreichischen Städten Salzburg und Kufstein zu verbinden. Der Abschnitt zwischen der Landeshauptstadt München und Großhesselohe ging 1854 in Betrieb. Im Jahr 1857 erreichte die Bayerische Maximiliansbahn Rosenheim. Damit hatte auch die Gemeinde Holzkirchen Anschluss an das Eisenbahnnetz erhalten. Der dortige Bahnhof erwies sich aufgrund der geografischen Lage als idealer Ausgangspunkt für die Erschließung des Bayerischen Oberlands. Dass die in den Folgejahren gebauten Strecken nach Miesbach und Tölz hier ihren Ausgangspunkt nahmen, war deshalb nur folgerichtig.

In den 1850er-Jahren fiel es dem Bayerischen Staat zunehmend schwerer, die ambitionierten Pläne für das Eisenbahnnetz zu finanzieren. So kam es vorübergehend zu verschiedenen Versuchen, privates Kapital zu mobilisieren. Sie fanden ihren Niederschlag unter anderem in der Gründung der privaten Bayerischen Ostbahn im Jahr 1856. Parallel dazu entstand auch das Modell der sogenannten Pachtbahnen, bei dem die Infrastruktur durch Investoren finanziert wurde. Den Betrieb übernahmen in diesen Fällen die Königlich Bayerischen Staatseisenbahnen, die einen Pachtzins an die Erbauer der Strecke zu entrichten hatten. Zwischen 1854 und 1866 entstanden nach diesem Prinzip in Bayern insgesamt acht Strecken. Eine von ihnen war die 1861 erbaute Bahnlinie von Holzkirchen nach Miesbach. Das dortige Bergwerk, in dem Pechkohle abgebaut wurde, versprach ein erhebliches Güterverkehrsaufkommen. Die Betreiber nutzten die Chance, die das Modell der Pachtbahn bot, und errichteten die Strecke von Holzkirchen nach Miesbach auf eigene Kosten.

Im rund 20 Kilometer entfernten Tölz wuchs zu jener Zeit ebenfalls Interesse an einem Anschluss an das Eisenbahnnetz. In der Gemeinde im Isarwinkel waren im Jahr 1846 Jod- und Schwefelquellen entdeckt worden. Eine moderne Verkehrsanbindung wäre der Entwicklung des Kurorts förderlich gewesen. Aber auch der Güterverkehr auf der Schiene versprach viele Vorteile für die Region. Die Tölzer stießen mit ihrem Anliegen zunächst auf taube Ohren. Um die Zweifel an der Wirtschaftlichkeit einer Vollbahn zu zerstreuen und für den Bau der Strecke zu werben, wurde das Eisenbahn-Comité in Tölz gegründet. Es verfasste im Jahr 1867 zusammen mit dem Magistrat des Ortes eine Denkschrift zur Errichtung einer Holz- und Kohlenbahnlinie von Holzkirchen nach Tölz, die an die Hohe Kammer der Abgeordneten gerichtet war.

Zu Hilfe kam der Gemeinde schließlich, dass am 29. April 1869 das sogenannte Vizinalbahngesetz verabschiedet wurde. Es sollte den Bau der „Bahnverbindungen von lokaler Wichtigkeit“ erleichtern. Dazu waren eine vereinfachte bauliche Ausführung, die Unterstützung durch einen staatlichen Fond und eine Finanzierung unter Beteiligung der Gemeinden bei Grunderwerb und Baumaßnahmen vorgesehen.

Eine der insgesamt 15 Bahnlinien, deren Bau unter diesen Regelungen begonnen werden konnte, war 1872 die Verbindung von Holzkirchen nach Tölz. Die Strecke verläuft von Holzkirchen in südlicher Richtung über Warngau nach Schaftlach. Dort erreicht sie auf 757 Metern über Meereshöhe ihren höchsten Punkt. Über Reichersbeuern führt sie in westlicher Richtung weiter bis Tölz. Um den Kopfbahnhof nach den Wünschen der Gemeinde am nördlichen Ortsrand ansiedeln zu können, mussten die aus Reichersbeuern kommenden Gleise in einer langgezogenen Rechtskurve nach Nordwesten geschwenkt werden. Im November 1873 fuhr offiziell zum ersten Mal eine Lokomotive bis Tölz und wurde dort mit Begeisterung empfangen. Die eigentliche Einweihung der Strecke erfolgte allerdings erst am 1. Juli 1874 nach Fertigstellung der Bahnhofsgebäude. Für die Festgäste, unter denen sich unter anderem Ministerpräsident Adolph Freiherr von Pfretzschner und Finanzminister Georg von Berr befanden, verkehrten von München aus mehrere Sonderzüge zu den Feierlichkeiten in Tölz.

Das Zugangebot fiel im ersten Betriebsjahr mit täglich drei Zugpaaren zwischen München und Tölz noch bescheiden aus. Die Fahrzeit betrug exakt zwei Stunden und 10 Minuten. Die Abfahrten in München erfolgten um 5.10 Uhr, 11.30 Uhr und um 18.50 Uhr. Zurück in die Landeshauptstadt ging es mit Abfahrt in Tölz um 5.20 Uhr, 11.40 Uhr und 19.15 Uhr.

Durch die Strecke nach Tölz verkürzte sich 1874 auch der Weg ins Tegernseer Tal. Von Schaftlach aus kam man nun sehr viel schneller und bequemer mit der Pferdekutsche an den Tegernsee als von Holzkirchen. Gleichwohl wünschten sich die dortigen Gemeinden einen eigenen Bahnanschluss. Sie stießen damit aber nicht überall auf Zustimmung. In Tegernsee residierte Prinz Carl, der jüngste Bruder des Bayerischen Königs Ludwig I. Er fürchtete, das Tegernseer Tal könne durch die Bahn zum Ziel vieler Tagestouristen werden und dadurch seinen bisherigen Charakter verlieren. Ihm standen allerdings prominente Fürsprecher gegenüber. Zu ihnen gehörte unter anderem der Erzgießer Ferdinand von Miller, der zusammen mit Theodor Bischoff und dem Bankier Dr. Heinrich Merck im Jahr 1880 ein Konsortium gründete, aus dem die Eisenbahn-Actiengesellschaft Schaftlach–Gmund (EAG) hervorging. Sie erhielten im Jahr 1882 von König Ludwig II. die Konzession für die Errichtung und den Betrieb der Privatbahn, die später als Tegernsee Bahn AG firmieren sollte. Die 7,6 Kilometer lange Strecke nach Gmund konnte schon nach relativ kurzer Bauzeit von lediglich neun Monaten am 1. August 1883 in Betrieb gehen. Sie mündete von Nordosten her in den Bahnhof Schaftlach. Die direkten Wagen oder Züge zwischen München und Gmund, die bereits ab 1890 verkehrten, mussten in Schaftlach deshalb die Richtung ändern. Der Zugverkehr an den Tegernsee war fortan ein wesentlicher Teil des Betriebs zwischen Holzkirchen und Schaftlach und eng verzahnt mit jenem nach Tölz/Lenggries. Die weiteren Ausführungen beziehen deshalb auch den Verkehr an den Tegernsee mit ein.

In den folgenden Jahrzehnten schritt der Ausbau der Eisenbahn-Infrastruktur weiter voran. Im Jahr 1891 ging eine vier Kilometer lange Anschlussbahn nach Marienstein in Betrieb, mit der dort das Kohlebergwerk und das Zementwerk an das Schienennetz angeschlossen wurden. Sie zweigte rund eineinhalb Kilometer vom Bahnhof Schaftlach entfernt von der Bahnlinie ab. Dort entstand unmittelbar neben der Strecke nach Tölz ein dreigleisiger Übergabebahnhof. Etwa auf halbem Weg nach Marienstein befand sich noch ein Ladegleis für ein Zement-Auslieferungslager. Der Endbahnhof verfügte über ausgedehnte Gleisanlagen.

Im Jahr 1902 wurde schließlich die EAG-Strecke von Gmund nach Tegernsee verlängert. Währenddessen war die Bedeutung der Marktgemeinde Tölz weiter gewachsen. Am 22. Juni 1899 erhielt sie den Beinamen „Bad“ und fand sich fortan als „Bad Tölz“ in den Fahrplänen. Im Jahr 1906 verlieh Prinzregent Luitpold Bad Tölz das Stadtrecht. Der ab 1. Oktober 1906 gültige Fahrplan wies täglich fünf Zugpaare aus, die zwischen München und Bad Tölz rund zwei Stunden unterwegs waren. An Sonn- und Feiertagen verkehrte zwischen der Landeshauptstadt und Bad Tölz ein morgendlicher Zug für Ausflugstouristen. Er hielt unterwegs nur in Schaftlach und konnte die ganze Strecke damit in lediglich einer Stunde und 20 Minuten zurücklegen.

In jener Zeit gab es auch regelmäßig Sonderzüge zur Tölzer Leonhardifahrt. Diese Brauchtumsveranstaltung zur Segnung der Pferde findet in vielen Gemeinden Oberbayerns statt. Jene in Tölz ist aber bis heute eine der bekanntesten und zieht daher viele Besucher an.

Schon relativ früh wurden Überlegungen angestellt, die Bahn über Bad Tölz hinaus zu verlängern. Wohin sie geführt werden sollte, blieb lange unklar. Ins Gespräch kamen Strecken nach Bichl, Penzberg, Murnau und nicht zuletzt Lenggries. Die Realisierungschancen blieben aus wirtschaftlichen Gründen zunächst gering. Das änderte sich erst mit den Planungen zum Bau des Walchensee-Kraftwerkes.

Für Lenggries und seine Umgebung spielte die Forstwirtschaft zu jener Zeit eine wichtige Rolle. Abtransportiert wurde das in großen Mengen geschlagene Holz mit Hilfe der Flößerei über die Isar. Voraussetzung dafür war ein ausreichender Wasserstand. Das Kraftwerkprojekt sah aber vor, einen Teil der Isar in der Nähe von Krün zum Walchensee abzuleiten. Damit war das Ende der Flößerei in der bis dahin gewohnten Weise besiegelt. Um das Holz weiterhin abtransportieren zu können, kam die Bahn ins Spiel. Die ersten konkreteren Planungen dazu liefen bereits während des Ersten Weltkrieges. Im August 1918 ebnete dann ein entsprechendes Gesetz den Weg für eine Strecke von Bad Tölz nach Lenggries. Sie war als Lokalbahn ausgelegt, um hinsichtlich des Baus und der Betriebsführung weniger strengen Anforderungen genügen zu müssen, als es bei einer Haupt- oder Nebenbahn erforderlich gewesen wäre. Ergänzend dazu sollten zwei Waldbahnen von Lenggries nach Vorderriß und zum Walchensee entstehen. Dieses Vorhaben scheiterte aber, weil die Zuständigkeit für die Eisenbahn im April 1920 von den Königlich Bayerischen Staatseisenbahnen auf die Deutsche Reichsbahn überging und sich deren Verpflichtung zur Realisierung bereits geplanter Projekte nur auf die Lokalbahn von Bad Tölz nach Lenggries erstreckte, nicht aber auf die Waldbahnen. Der Bau der Strecke von Tölz nach Lenggries wurde schließlich im Jahr 1921 in Angriff genommen. Die Trasse führte am östlichen Hochufer der Isar über Gaißach und Obergries zu ihrem neuen Endpunkt.

Den bestehenden Kopfbahnhof, der im Bereich der Krautgärten des Oberhofs lag, konnte man nicht beibehalten, weil die Platzverhältnisse für die betrieblich notwendigen Gleisanlagen dort nicht ausreichten. Ein Fahrtrichtungswechsel hätte zudem einen Zeitverlust bedeutet. So entstand am östlichen Stadtrand ein neuer Durchgangsbahnhof. Dazu war nördlich von Tölz eine etwas geänderte Trassenführung erforderlich, die ihren Ausgangspunkt etwa ab der heutigen Überführung der B13 am Mühlberg hatte. Die Gleise wurden auf ein tieferes Niveau verlegt und westlich der bisherigen Trasse direkt in den neuen Bahnhof geführt.

Von dort verlief die Strecke in südliche Richtung weiter bis ins 9,5 Kilometer entfernte Lenggries. Für den Bau musste eine Erdmasse von ungefähr 485.000 Kubikmetern bewegt werden. Allein 136.000 Kubikmeter davon waren zur Auffüllung des Moores im neuen Bahnhof Bad Tölz erforderlich.

Am Endpunkt Lenggries entstand ein langgezogenes Bahnhofsareal, weil sich in der Verlängerung der Bahnsteige Richtung Süden noch ausgedehnte Gleisanlagen für die Holzverladung anschlossen. Nach einer Bauzeit von rund drei Jahren konnte die neue Strecke am 3. September 1924 in Anwesenheit von Ministerpräsident Heinrich Held eingeweiht werden. Der Eröffnungszug wurde von der 77 117 (Bayerische Pt 3/6 Nr. 6108) gezogen. Sie war am 5. März 1923 vom Lokomotiven-Hersteller Krauss an die Deutsche Reichsbahn ausgelieferten worden.

Im ersten Jahr des Betriebs gab es täglich vier Verbindungen in jede Richtung. An Sonn- und Feiertagen ergänzte ein zusätzliches Zugpaar das Fahrplanangebot. Diskutiert wurde zu jener Zeit auch über eine Elektrifizierung der Strecke von Holzkirchen nach Lenggries. Im Jahr 1923 nahm man in Anbetracht der fehlenden Finanzierungsmöglichkeiten aber wieder Abstand von diesen Überlegungen.

In den folgenden Jahren ergaben sich beim Fahrplanangebot nur punktuelle Veränderungen. Ein Blick in das Kursbuch vom Sommer 1934 zeigt fünf tägliche Verbindungen und für den Ausflugsverkehr zwei weitere an Sonn- und Feiertagen. Zwischen den Verbindungen lagen teilweise Lücken von mehr als vier Stunden. Von München nach Lenggries bewegten sich die Fahrzeiten in einer Bandbreite von einer Stunde 25 Minuten und knapp zwei Stunden. Die Züge führten in der Regel direkte Wagengruppen nach Tegernsee, die in Schaftlach abgehängt bzw. angekuppelt wurden. Meist verfügten sie über Abteile der 2. und 3. Klasse. Ein Zugbildungsplan aus dem Jahr 1937 zeigt, dass bis zu neun der zwölf Wagen in Schaftlach zur Tegernsee Bahn übergingen und der Streckenast nach Lenggries offenbar ein vergleichsweise geringeres Verkehrsaufkommen gehabt haben muss. Zum Einsatz kamen in jener Zeit überwiegend Loks der Baureihe 78. Eher selten halfen die Baureihen 38 und 50 aus.

In den 1930er-Jahren nahm der Urlaubsverkehr stark zu. Ausdruck fand diese Entwicklung durch zusätzliche Reisebüro-Sonderzüge. Trotz der erfreulichen Auslastung erwuchs der Bahn zu jener Zeit eine gefährliche Konkurrenz durch das Automobil und den Busverkehr. Das galt umso mehr, als 1935 die Reichsautobahn von München nach Holzkirchen in Betrieb ging und für ein schnelleres Vorankommen der Kraftfahrzeuge sorgte. Um wettbewerbsfähig zu bleiben, musste die Bahn schneller werden. Neben den normalen Personenzügen fuhren deshalb verschiedentlich Eilzüge ins Oberland. Mit dem Verzicht auf Zwischenhalte zwischen München Hauptbahnhof und Holzkirchen oder Schaftlach waren die Möglichkeiten aber weitgehend ausgereizt, signifikant kürzere Reisezeiten zu erreichen. Eine weitere Beschleunigung konnte man mit den vorhandenen Wagen und den Dampflokomotiven nicht erreichen. Nur ein Dieseltriebwagen würde die Strecke noch schneller zurücklegen können und weniger Zeit beim Richtungswechsel im Bahnhof Schaftlach verlieren. Im Wissen darum entschloss sich die EAG in Abstimmung mit der Deutschen Reichsbahn zur Anschaffung eines entsprechenden Fahrzeuges. Dieser neue Schnelltriebwagen (VT 25) kam ab 7. Oktober 1940 zwischen Tegernsee und München zum Einsatz. Die zwei werktäglichen Zugpaare benötigten für die Fahrt zwischen Tegernsee und München dank einer Höchstgeschwindigkeit von 110 km/h und dem Verzicht auf Zwischenhalte lediglich 57 Minuten. Durch die attraktiven Fahrzeiten und den besonderen Komfort erfreute sich dieses Angebot großer Beliebtheit. Oft überstieg die Nachfrage das Platzangebot, sodass vorübergehend Zulassungskarten ausgegeben werden mussten.

Im Jahr 1943 unternahm die Tegernsee Bahn einen weiteren Versuch, die Verbindungen von und nach München zu beschleunigen. Sie begann mit dem Bau einer Verbindungskurve zur Strecke nach Holzkirchen, um die Einfahrt in den Bahnhof Schaftlach und den dortigen Richtungswechsel entbehrlich zu machen. Die Tegernsee Bahn hatte an ihrer Strecke die erforderliche Weiche bereits eingebaut und einige Meter Gleis verlegt. Das Vorhaben scheiterte an der erforderlichen Zustimmung eines Landwirts zur Auflassung eines Bahnüberganges. Die Weiche war damit zwar ohne Funktion, wurde aber trotzdem erst 1970 wieder ausgebaut.

Die zunehmend schlechtere Versorgungslage während des Krieges zwang schließlich dazu, die Zahl der Verbindungen zu reduzieren. Die wenigen verbliebenen Züge mussten stattdessen mit zusätzlichen Wagen verstärkt werden. Der VT 25 passte nicht mehr in diese Angebote und wurde daher 1943 abgestellt und durch lokbespannte Züge ersetzt.

Dieses im Stadtarchiv von Bad Tölz erhaltene Foto zeigt die Bauarbeiten am alten Bahnhof Tölz, der 1874 zusammen mit der Strecke in Betrieb genommen wurde.

Beilage zum Tölzer Amts- und Wochenblatt Nro. 42.

Fest-Programm

zu der am

Montag den 1. Juni 1874

stattfindenden feierlichen

Eröffnung

der

Münchener-Tölzer-Bahn.

1) Feierliche Begrüßung der Festgäste am Bahnhofe bei Ankunft des 1. Zuges früh 8 Uhr.
2) Festlicher Einzug in den Markt zum Bürgergarten.
3) Vormittags Rundgang (Kalvarienberg, Krankenheil).
4) Fest-Diner im Kolber-Saale. (Beginn halb 1. Uhr.)
5) Kellerfest im Doppelhamer'schen Keller am Mühlfelde. (Beginn Nachmittags 4 Uhr.)
6) Ehrengeleite der Gäste zum Bahnhofe.

Die Vorstände der eingeladenen verehrlichen Vereine, deren Betheiligung am Feste vorausgesetzt wird, werden gebeten um $7\frac{1}{2}$ Uhr früh am Bahnhofe sich einzufinden und weitere Aufschlüsse vom Fest-Comité entgegen zu nehmen.

Die Schuljugend wird am Festzuge sich betheiligen und um 7 Uhr in den Schulzimmern versammeln.

Recht lebhafter Theilnahme Seitens der verehrlichen Einwohnerschaft sieht entgegen.

Tölz, den 30. Mai 1874.

Magistrat und Gemeinde-Collegium.

Doppelhamer,
Bürgermeister.

Fellerer, Eisenberger,
Vorstände.

Als Standort für den Endbahnhof Tölz wählte man beim Bau der Bahnlinie zunächst den Bereich der Krautgärten des Oberhofs im Norden der Gemeinde. Dort waren fünf auf beiden Seiten über Weichen verbundene Gleise sowie je zwei Abstell- und Ausziehgleise vorhanden. Wie seinerzeit üblich gehörten auch eine Ladehalle, ein zweiständiger Lokschuppen, eine Drehscheibe und Laderampen zur Ausstattung des Bahnhofs.

Fahr=Plan.

Eisenbahn-Fahrten zwischen München—Tölz vom 1. November 1874.

München—Tölz.					Tölz—München.				
München	ab	5,10 früh,	11,30 Vorm.	6,50 Abends.	Tölz	ab	5,20 früh,	11,40 Vorm.	7,15 Aben[ds]
Holzkirchen	an	6,20 „	12,40 Nachm.	8,— „	Holzkirchen	an	6,10 „	12,30 Nachm.	8,5 „
„	ab	6,30 „	12,50 „	8,10 „	„	ab	6,20 „	12,40 „	8,15 „
Tölz	an	7,20 „	1,40 „	9,— „	München	an	7,30 „	1,50 „	9,25 „

Der ab 1. November 1874 gültige Winterfahrplan wies drei tägliche Verbindung in jede Richtung aus. Die Fahrzeit von München nach Tölz betrug dabei mehr als zwei Stunden.

◂ Mit viel Prominenz und großem Festprogramm fand am 1. Juni 1874 die feierliche Eröffnung der Strecke von Holzkirchen nach Tölz statt.

Aufstellung für den Fotografen nahmen im Jahr 1902 die Bediensteten der Königlich Bayerischen Staatseisenbahnen vor dem Empfangsgebäude des alten Endbahnhofs und eines nach München abfahrbereiten Zuges.

1271	1279	1275	1331	1273	1281	1303	1277	1283	Kilometer	Zug-Nr.	65	Zug-Nr.	1284	1272	1332	1274	1282	1290
P. Z. 1.2.3.	Eil-Z. 1.2.3. (Bis mit 3. März an allen Sonn- und Feiertagen.)	Eil-Z. 1.2.3. (Bis mit 3. März an allen Sonn- und Feiertagen.)	P. Z. 1.2.3.	P. Z. 1.2.3.	P. Z. 2. 3.	P. Z. 1.2.3.	P. Z. 1.2.3.	P. Z. 2.3.		Klasse		Klasse	P. Z. 2.3.	P. Z. 1.2.3.	P. Z. 1.2.3.	P. Z. 1.2.3.	P. Z. 2.3.	P. Z. 1.2.3. (Vom 4. November bis mit)
5 22	6 30	7 20	8 20	11 12	1 32	4 10	6 50	9 05	0	ab	**München** H.-B.	an	7 32	7 49	10 35	1 43	4 47	6 29
5 36	|	|	8 32	11 25	1 50	4 23	7 04	9 18	7	ab	München-Mittersendling (Siehe auch Vorortzüge.)	ab	7 22	7 39	10 25	1 33	4 36	6 19
5 46	|	|	8 42	11 34	2 02	4 32	7 14	9 27	11	ab	Grosshesselohe	ab	7 15	7 32	10 18	1 24	4 29	6 11
5 58	|	|	8 54	11 46	2 16	4 44	7 26	9 40		an	**Deisenhofen** . . .	ab	7 04	7 21	10 08	1 13	4 18	6 01
6 00	|	|	8 58	11 49	2 26	4 47	7 33	9 41	19	ab	*München O.-B. (V 69)*	an	6 55	7 19	10 00	1 10	4 14	5 58
6 14	|	|	9 10	12 03	2 44	5 01	7 47	9 58	26	ab	Sauerlach	ab	6 47	7 10	9 51	1 01	4 04	5 50
6 31	|	|	9 26	12 19	3 06	5 18	8 04	10 15	34	ab	Otterfing	ab	6 28	7 00	9 42	12 50	3 51	5 40
6 38	|	|	9 34	12 27	3 15	5 25	8 12	10 22	37	an	**Holzkirchen** . .	ab	6 15	6 54	9 35	12 44	3 45	5 35
7 44	7 53	|	*10 35*	*1 36*	— —	*6 31*	*9 24*	— —		*an*	*Schliersee (V 70)* . .	*ab*	— —	*5 37*	*8 30*	*11 34*	— —	*4 30*
7 45	— —	|	*10 41*	*1 37*	— —	*6 30*	*9 23*	— —		*an*	*Rosenheim (V 66)* .	*ab*	— —	*5 28*	*8 15*	*11 15*	— —	*4 17*
6 52		|	9 42	12 40	— —	5 40	8 30	— —	37	ab	**Holzkirchen** . .	an	— —	6 39	9 24	12 32	— —	5 25
7 06		|	9 55	12 53	— —	5 54	8 42	— —	43	ab	Oberwarngau	ab	— —	6 31	9 16	12 24	— —	5 17
7 17		8 25	10 06	1 04	— —	6 05	8 52	— —	48	an	**Schaftlach**	ab	— —	6 22	9 07	12 16	— —	5 09
7 22		*8 28*	*10 10*	*1 08*	— —	*6 06*	*8 56*	— —		*ab*	*Schaftlach* (Privatbahn) . .	*an*	— —	*6 14*	*9 04*	*12 10*	— —	*5 05*
7 57		*8 58*	*10 44*	*1 42*	— —	*6 40*	*9 30*	— —		*an*	*Tegernsee* (Privatbahn) . .	*ab*	— —	*5 40*	*8 30*	*11 35*	— —	*4 30*
5 40		— —	*8 30*	*11 35*	— —	*4 30*	□*7 14*	— —		*ab*	*Tegernsee* (Privatbahn) . .	*an*	— —	*7 57*	*10 44*	*1 42*	— —	*6 40*
6 14		— —	*9 04*	*12 10*	— —	*5 05*	□*7 48*	—		*an*	*Schaftlach* (Privatbahn) . .	*ab*	— —	*7 22*	*10 10*	*1 08*	— —	*6 06*
7 22		8 28	10 09	1 08	— —	6 06	8 56	— —	48	ab	**Schaftlach**	an	— —	6 17	9 02	12 12	— —	5 06
7 31		|	10 18	1 17	— —	6 15	9 03	— —	52	ab	Reichersbeuern . . .	ab	— —	6 07	8 52	12 01	— —	4 55
7 39		8 40	10 26	1 25	— —	6 23	9 11	— —	58	an	**Bad Tölz**	ab	— —	5 55	8 40	11 50	— —	4 44

Dieser Ausschnitt aus dem Winterfahrplan 1906 zeigt, dass es seinerzeit speziell für den Ausflugsverkehr Züge gab, die den Streckenabschnitt von München bis Schaftlach ohne Halt zurücklegten.

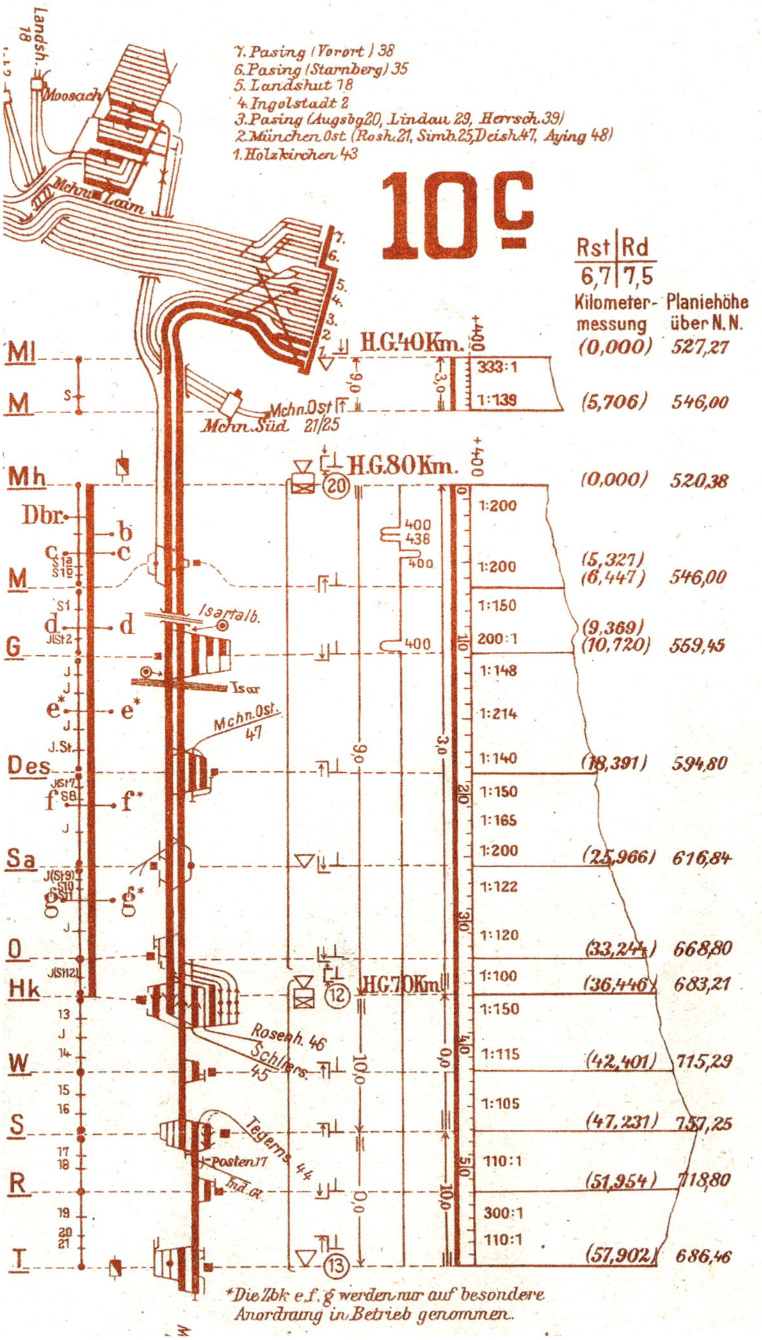

Dieser Ausschnitt aus einem grafischen Fahrplan aus dem Jahr 1916 zeigt sehr anschaulich das Höhenprofil der Strecke und die Gleisanlagen in den Bahnhöfen Holzkirchen (Hk), Warngau (W), Schaftlach (S), Reichersbeuern (R) und dem alten Tölzer Bahnhof (T).

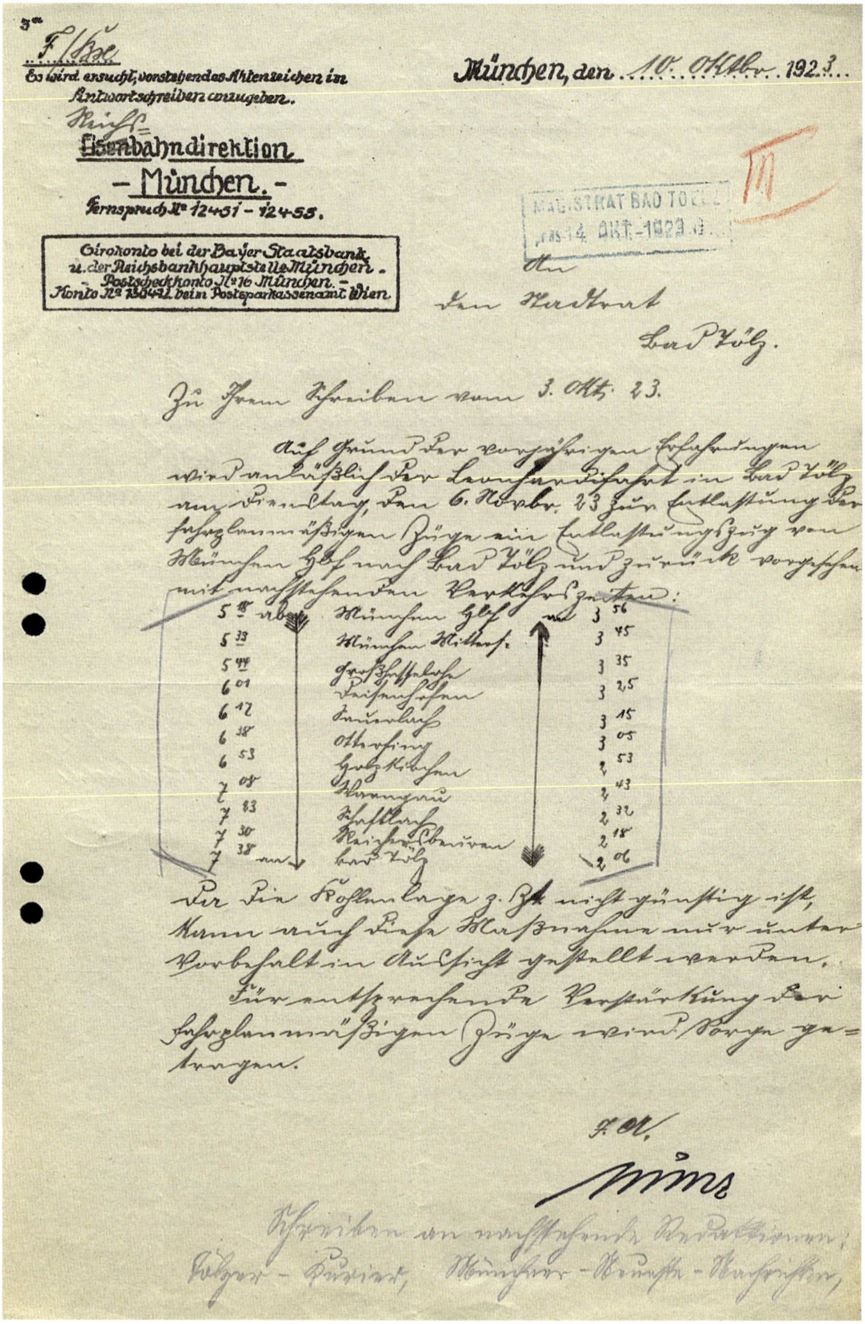

F/Bae
Es wird ersucht, vorstehendes Aktenzeichen im Antwortschreiben anzugeben.

Reichs-
Eisenbahndirektion
– München. –
Fernsprech-Nr. 12451 – 12455.

Girokonto bei der Bayer. Staatsbank u. der Reichsbankhauptstelle München. Postscheckkonto Nr. 16 München. Konto Nr. 130441 beim Postsparkassenamt Wien.

München, den 10. Oktbr. 1923.

MAGISTRAT BAD TÖLZ
14. OKT. 1923

An
den Stadtrat
Bad Tölz.

Zu Ihrem Schreiben vom 3. Okt. 23.

Auf Grund der vorjährigen Erfahrungen wird anläßlich der Leonhardifahrt in Bad Tölz am Dienstag, den 6. Novbr. 23 zur Entlastung der fahrplanmäßigen Züge ein Entlastungszug von München Hbf nach Bad Tölz und zurück vorgesehen mit nachstehenden Verkehrszeiten:

ab		an
5.18	München Hbf	3.56
5.33	München Mittersendling	3.45
5.44	Großhesselohe	3.35
6.01	Deisenhofen	3.25
6.17	Sauerlach	3.15
6.38	Otterfing	3.05
6.53	Holzkirchen	2.53
7.08	Warngau	2.43
7.13	Schaftlach	2.32
7.30	Reichersbeuern	2.18
7.38 an	Bad Tölz	ab 2.06

Da die Kohlenlage z. Zt. nicht günstig ist, kann auch diese Maßnahme nur unter Vorbehalt in Aussicht gestellt werden.

Für entsprechende Verstärkung der fahrplanmäßigen Züge wird Sorge getragen.

I. A.

Schreiben an nachstehende Redaktionen:
Tölzer-Kurier, Münchner-Neueste-Nachrichten,

Zur Leonhardifahrt im Jahr 1923 kam ein Sonderzug nach Bad Tölz. Im Stadtarchiv ist ein Schreiben erhalten, in dem die Reichsbahn die Fahrzeiten mitteilt. Das Briefpapier stammte noch aus der Zeit der Königlich Bayerischen Staatseisenbahnen, sodass im Briefkopf der Absender „Eisenbahndirektion" handschriftlich in „Reichsbahndirektion" korrigiert werden musste.

Für den 1921 begonnenen Bau der Strecke von Tölz nach Lenggries kamen Feldbahn-Züge für den Transport von Abraum- und Baumaterial zum Einsatz (Foto oben und unten).

Zur feierlichen Eröffnung der Strecke Bad Tölz–Lenggries am 4. September 1924 verkehrte ein Sonderzug, der von der Pt 3/6 6108 gezogen wurde (oben). Im Stadtarchiv Bad Tölz ist auch die Einladungskarte (unten) erhalten geblieben, die den Programmablauf und den Fahrplan des Zuges zeigt.

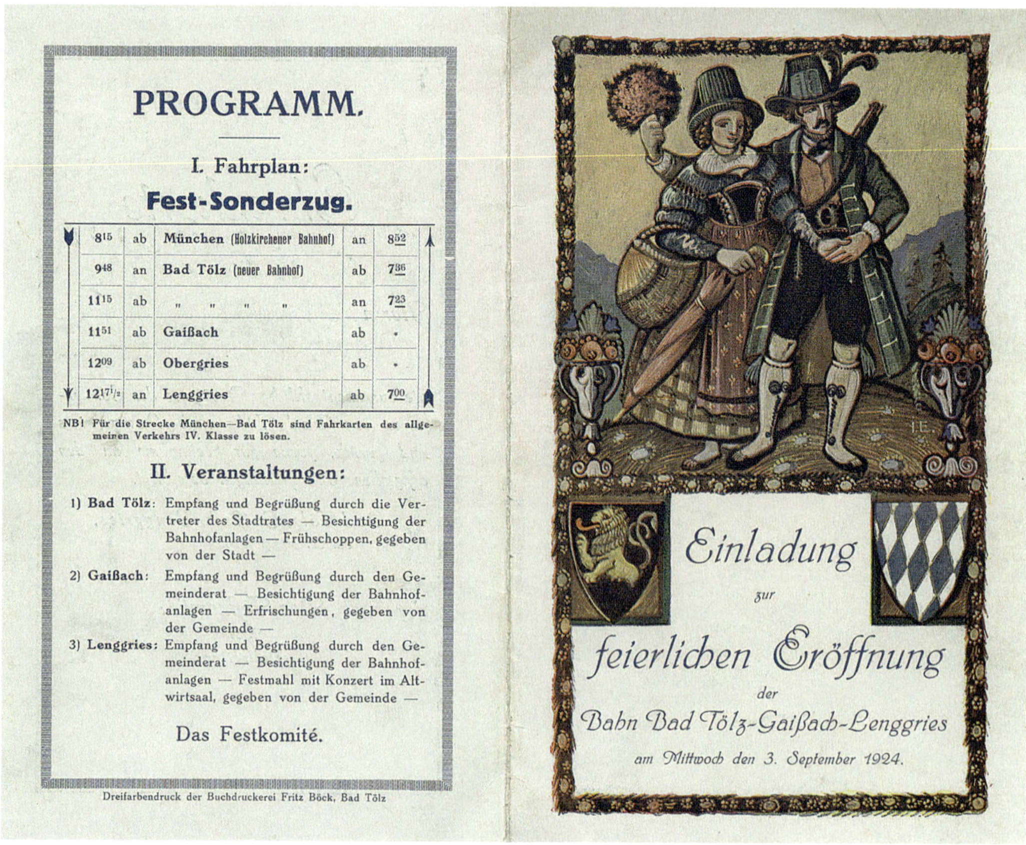

PROGRAMM.

I. Fahrplan:

Fest-Sonderzug.

8^{15}	ab	**München** (Holzkirchener Bahnhof)	an	8^{52}
9^{48}	an	**Bad Tölz** (neuer Bahnhof)	ab	7^{36}
11^{15}	ab	" " " "	an	7^{23}
11^{51}	ab	**Gaißach**	ab	•
12^{09}	ab	**Obergries**	ab	•
$12^{17\frac{1}{2}}$	an	**Lenggries**	ab	7^{00}

NB! Für die Strecke München—Bad Tölz sind Fahrkarten des allgemeinen Verkehrs IV. Klasse zu lösen.

II. Veranstaltungen:

1) **Bad Tölz**: Empfang und Begrüßung durch die Vertreter des Stadtrates — Besichtigung der Bahnhofanlagen — Frühschoppen, gegeben von der Stadt —

2) **Gaißach**: Empfang und Begrüßung durch den Gemeinderat — Besichtigung der Bahnhofanlagen — Erfrischungen, gegeben von der Gemeinde —

3) **Lenggries**: Empfang und Begrüßung durch den Gemeinderat — Besichtigung der Bahnhofanlagen — Festmahl mit Konzert im Altwirtsaal, gegeben von der Gemeinde —

Das Festkomité.

Dreifarbendruck der Buchdruckerei Fritz Böck, Bad Tölz

Einladung zur feierlichen Eröffnung der Bahn Bad Tölz-Gaißach-Lenggries am Mittwoch den 3. September 1924.

Auf diesem im Jahr 1924 entstandenen Foto ist neben dem neuen Bahnhof und seinen an der Westseite angeordneten Ladegleisen am rechten Bildrand auch noch die alte Strecke zum alten Bahnhof erkennbar.

Für die Anschlussbahn nach Marienstein entstand ungefähr 1,5 Kilometer südlich von Schaftlach an der Strecke nach Tölz bei Kilometer 48.8 ein dreigleisiger Übergabebahnhof. Das Foto zeigt dort die Dampflok „Marienstein 2" der Werksbahn und deren Bedienstete.

298 München—Holzkirchen—Schaftlach [-Tegernsee]—Bad Tölz—Lenggries

‡ a nur Sa d auch am 15. VI. u. 15. VIII. e am 15., 29. VI. u. 15. VIII. nicht g auch am 15., 29. VI. u. 15. VIII. h am 15. VI. u. 15. VIII. nicht

1271 2. 3.	S 1291 3.	1313 2. 3.	1273 2. 3.	1275 2. 3.	1279 3.	1317 2. 3.	1277 2. 3.	4059 3.	1269 2. 3.	1281 2. 3.	km	RBD München Wagenklassen	1272 2. 3.		W 1274 2. 3.	S 1274 2. 3.	1276 2. 3.	1278 2. 3.	4068 3.		1280 2. 3.	1270 3.	S 1296 3.
5‖42	g 6 43	8 42	9 10	11‖50	a 14 25	14‖43	15‖ 6	16 30	18 45	19 25	0,0	Ab **München** Holzkirch. Bf ‡ … An	7 10	...	e 9 55	g 10 7	13‖18	16‖11	19 12	...	20‖25	21 5	g 22 4
5 54	»	»	»	12 1	»	14 54	»	16 41	18 56	»	6,4	München-Mittersendling (s. a. 313 d)	7 0	...	»	»	»	16 2	19 2	...	»	20 55	»
6 3	»	8 57	»	12 9	»	15 1	»	16 49	19 4	»	10,7	Großhesselohe ‡ 297 a	6 51	...	»	»	»	15 55	18 54	...	20 11	20 47	»
6 14	»	9 7	»	12 20	»	15 12	»	S 16 58	19 13	»	18,4	Deisenhofen 297 c (s. a. 298 a)	6 42	...	9 35	9 47	»	15 46	S 18 44	...	»	20 38	21 43
6 25	»	9 17	»	12 30	»	15 21	»	d 17 7	19 22	»	26,0	Sauerlach	6 32	...	9 25	9 37	»	15 36	h 18 34	...	»	20 30	»
6 38	»	9 28	»	12 42	»	15 32	»	d 17 19	19 31	»	32,2	Otterfing	6 24	...	9 17	9 29	»	15 28	h 18 24	...	»	20 21	»
6 45	»	9 34	9 50	12 48	»	15‖38	15 46	S 17 25	19 37	20 5	36,4	An Holzkirchen 298 c Ab	6 19	...	9 12	9 24	12 42	15 23	S 18 18	...	19 46	20 15	21 24
6 50	»	↳	9 52	12 50	»	↳	15 48	...	↳	20 10	36,4	Ab Holzkirchen An	6 17	...	9 9	9 22	12 40	15 19	...	...	19 44	...	21 22
6 59	»	...	10 1	12 59	»	...	15 57	...	...	20 18	42,4	Warngau	6 9	...	9 1	9 14	12 32	15 12	...	...	19 36	...	»
7 8	g 7 36	...	10 9	13 7	a 15 18	...	16 5	...	...	20 27	47,2	An Schaftlach Ab	6 3	...	e 8 55	g 9 8	12 26	15 5	...	...	19 30	...	g 21 11
1 2. 3.	S 21 3.		3 2. 3.	5 2. 3.	9 3.		7 2. 3.			11 2. 3.		*Eisenb.-Aktiengesellschaft* Wagenklassen	2 2. 3.		W 4 2. 3.	S 4 2. 3.	6 2. 3.	8 2. 3.		S 10 2. 3.	W 10 2. 3.		S 22 3.
7‖11	g 7 39	...	10 12	13 10	a 15 21	...	16 8	...	▬	20 30	47,2	Ab *Schaftlach* An	5 57	...	e 8 49	g 9 2	12‖20	14 59	...	g 19‖12	e 19 23	...	g 21 3
7 21	»	...	10 22	13 20	15 31	...	16 18	...	...	20 40	51,9	*Moosrain*	5 47	...	8 39	8 52	×12 10	×14 49	...	×19 2	×19 13	...	»
7 32	7 56	...	10 31	13 29	15 40	...	16 27	...	...	20 49	54,9	*Gmund (Bad Wiessee)*	5 40	...	8 32	8 45	12 3	14 42	...	18 54	19 6	...	20 47
7 37	8 1	...	10 36	13 34	15 45	...	16 32	...	W 5354	20 54	57,4	*St. Quirin*	5 33	W 5349	8 25	8 38	×11 56	×14 35	...	×18 46	×18 58	...	20 40
7‖42	g 8 6	...	10 41	13 39	a 15 50	...	16‖37	...	3.	20 59	59,5	An ***Tegernsee*** Ab	5 28	3.	e 8 20	g 8 33	11‖51	14 30	...	g 18‖40	e 18 53	...	g 20 34
7 11	g 7 39	...	10 12	13 10	a 15 21	...	16 8	...	20 1	20 30	47,2	Ab Schaftlach An	5 58	8 9	e 8 50	g 9 3	12 21	15 0	...	19 25	...	...	g 21 6
7 18	»	...	10 19	13 17	»	...	16 15	...	20 13	20 36	52,0	Reichersbeuern	5 51	8 1	8 43	8 56	12 14	14 53	...	19 18	...	...	»
7 25	7 50	...	10 25	13 23	15 32	...	16 21	...	20 20	20 43	57,1	An **Bad Tölz** Ab	5 43	7 45	8 35	8 49	12 6	14 45	...	19 10	...	...	20 53
7 28	7 51	...	10 27	13 25	15 33	...	16 24	...	...	20 46	57,1	Ab **Bad Tölz** An	5 42	7 15	8 33	8 46	12 4	14 43	...	19 8	...	...	20 46
7 33	7 56	...	10 32	13 30	15 38	...	16 29	...	...	20 51	59,9	Gaissach	5 37	×7 8	8 28	8 41	11 59	14 38	...	19 3	...	...	20 41
7 39	8 2	...	10 38	13 36	15 44	...	16 35	...	...	20 57	63,4	Obergries	5 31	×7 1	8 22	8 35	11 53	14 32	...	18 57	...	...	20 35
7‖45	g 8 8	...	10 44	13‖42	a 15 50	...	16 41	...	...	21 3	66,6	An **Lenggries** Ab	5 26	6 55	e 8 17	g 8 30	11‖48	14 27	...	18‖52	...	...	g 20 30

Auszug aus dem Sommerfahrplan 1933.

Die 78 158 des Bw München Hbf wartet am 15. Juli 1935 in Lenggries mit dem P 1280 auf die Rückfahrt in die bayerische Landeshauptstadt. Die Loks der Baureihe 78 bewältigten den überwiegenden Teil des Personenverkehrs von Holzkirchen nach Lenggries und prägten das Erscheinungsbild am Endbahnhof.

Am 1. Oktober 1934 befindet sich die Lok „Marienstein 2" auf der Fahrt nach Schaftlach.

E 141 (20,1) 2. 3. Klasse **München Hbf—Schaftlach** (240 t) 11

Ke 141 (21,1) 2. 3. Klasse **Schaftlach—Lenggries** (120 t)

22. V.—2. X.

Bad Tölz—Lenggries Nebenbahnzug.

Höchstgeschwindigkeit Mhs—Bt 90 km/h
Bt—Lg 60 km/h
Pt 37.17 (78 0—5)

Mindestbremshundertstel Mhs—Bt 82/.
Bt—Lg 60/.

Last Mhs—Sf 300 t III
Sf—Lg 200 t VII

1	2	3	4	5	6	7	8	9	10	11
Entfernung km	Beschränkung der Höchstgeschw. im Gefälle km/h	Betriebstellen	Ankunft	Aufenthalt M	Abfahrt	Planmäßige Fahrzeiten M	Kürzeste Fahrzeiten M	Summe der planm. Fahrzeit / kürzesten Fahrzeit M	Kreuzung mit Zug	Überholung durch Zug
		München Hbf ▼ .	—	—	**8 32**					
2,9		▼ Bk Westend . . .	—	—	36_{8}	4,8	4,3			
1,6		▼ ●Bk Behaimstraße	—	—	38_{7}	1,9	1,5			
1,9		●M-Mittersendling .	—	—	40_{6}	1,9	1,5			
2,4		●Bk Hirschenstraße	—	—	42_{9}	2,3	1,8			
1,8		Großhesselohe ▼ .	—	—	44_{6}	1,7	1,4			
3,2		●Bk Grünwald .	—	—	47_{3}	2,7	2,3	47,0		
4,6		●**Deisenhofen**	—	—	51_{3}	4,0	3,2	37,6		
3,2		●Bk Lanzenhaar	—	—	54	2,7	2,3			
4,4		●Sauerlach	—	—	57_{6}	3,6	3,0			
3,8		●Bk Arget . . .	—	—	**9 01**	3,4	2,7			
3,5		●Otterfing	—	—	04_{6}	3,6	2,6			
3,2		●**Holzkirchen** ▼. . .	—	—	07_{7}	3,1	2,4		1274	
6,0		▼ ●Warngau ▼ . . .	—	—	13_{1}	5,4	4,3		12292	
4,8		●**Schaftlach**	**9 19**	3	22	5,9	4,3			
4,7		▼ Reichersbeuern . .	—	—	26_{5}	4,5	4,3	8,4		
5,1		**Bad Tölz**	30_{4}	2	32_{4}	3,9	3,9	8,2		
2,8		Bk Gaißach Hst ▼	—	—	36_{2}	3,8	3,6	12,9		
3,5		●Obergries Hst ▼	—	—	40	3,8	3,8	12,5		
3,2		**Lenggries** ▼ . . .	$9\,45_{3}$	—	—	5,3	5,1			
66,6				5,0		68,3	58,3			

Die Abbildung zeigt eine Seite aus einem Buchfahrplan aus dem Jahr 1937 für den Eilzug E 141, der von einer Dampflok der Baureihe 78 (Pt 37 0-5) gezogen wurde und für seine Fahrt von München (ab 8.32 Uhr) nach Lenggries (an 9.45 Uhr) eine Stunde und 13 Minuten benötigte.

Die Ära von Deutscher Bundesbahn und Deutscher Bahn AG

Von der Nachkriegszeit bis in die 1960er-Jahre

Der Zugverkehr litt nach dem Zweiten Weltkrieg zunächst noch unter den Folgen der großen Zerstörungen von Infrastruktur und rollendem Material. Gerade in jenen Jahren war die Eisenbahn aber oft die einzige Möglichkeit, Distanzen zurückzulegen, die man nicht zu Fuß oder mit dem Rad bewältigen konnte. Es wurden deshalb überall große Anstrengungen unternommen, den Betrieb wieder zügig zum Laufen zu bringen. Ab dem 7. September 1949 übernahm die neu gegründete Deutsche Bundesbahn die Verantwortung für den Zugverkehr in der Bundesrepublik.

Zwischen München und den Endbahnhöfen Lenggries und Tegernsee änderte sich gegenüber der Zeit vor dem Krieg nur wenig. Weiterhin waren in der Regel lokbespannte Züge im Einsatz, die in Schaftlach geteilt bzw. vereinigt wurden. Sie bestanden anfangs noch aus älteren zweiachsigen Wagen, wurden mit der Zeit aber durch modernere Fahrzeuge ersetzt.

Einen wesentlichen Fortschritt brachte 1950 die Rückkehr des beliebten Schnelltriebwagens VT 25 der Tegernsee Bahn, der die Strecke zwischen Schaftlach und München ohne Halt in nur 36 Minuten zurücklegte. Der VT 25 stand wegen seiner geringen Kapazität seit 1943 nicht mehr im Einsatz, hatte aber auch in den frühen Nachkriegsjahren nichts von seiner Attraktivität eingebüßt. Um mehr Sitzplätze anbieten zu können, mietete die Tegernsee Bahn AG (TAG), wie die EAG seit 1942 hieß, den Steuerwagen VS 145 076 von der Deutschen Bundesbahn an. Er konnte aber nur als Beiwagen verwendet werden und musste in den Endbahnhöfen und beim Richtungswechsel in Schaftlach vom VT 25 umfahren werden. Außerdem erwarb die TAG 1963 als Reserve von der Eisenbahn Altona-Kaltenkirchen-Neumünster je einen Trieb- und Steuerwagen. Die als VT 26 und VS 1 geführten Fahrzeuge fanden beim Publikum weniger Anklang, weil ihr Komfort deutlich hinter jenem des VT 25 zurückblieb, und waren infolgedessen seltener im Einsatz.

Im Fahrplanjahr 1956 verkehrten werktäglich zwei dieser Eilzugpaare zwischen Tegernsee (ab 8.10 Uhr/16.00 Uhr) und München Hbf (ab 10.42 Uhr/19.00 Uhr), die die Strecke zwischen Schaftlach und der Landeshauptstadt ohne Zwischenhalt zurücklegten. Die abendliche Rückfahrt ins Oberland brachte für die Fahrgäste aus dem Isarwinkel eine Neuerung gegenüber den Fahrplänen in den 1940er-Jahren. Der Triebwagen der Tegernsee Bahn verließ den Münchner Hauptbahnhof jetzt gekuppelt mit einem Gespann aus einem Akku-Trieb- und Steuerwagen der Baureihe ETA/ESA 150 der DB. Diese fuhren von Schaftlach aus weiter bis Bad Tölz (an 19.51 Uhr). Während der TAG-Triebwagen bis zum nächsten Tag in Tegernsee blieb, kehrte der Tölzer Zug der DB am selben Abend um 20.01 Uhr wieder zurück nach München und erreichte die Landeshauptstadt mit kurzen Zwischenhalten in Schaftlach und Holzkirchen nach nur 56 Minuten um 20.57 Uhr. Der Triebwagen-Verkehr zwischen München und Tegernsee/Bad Tölz endete allerdings 1965 auf Wunsch der Deutschen Bundesbahn.

Anders als heute prägten in den 1950er- und 1960er-Jahren auch noch häufiger Sonderzüge das betriebliche Geschehen in den Ferienregionen. Einmal wöchentlich kam in den 1950er-Jahren ein komfortabler Sonderzug der Britischen Rheinarmee aus Bad Oeynhausen über Schaftlach nach Tegernsee. Die aus bis zu zwölf Wagen bestehende Garnitur brachte britische Offiziere und deren Angehörige zu Ferienaufenthalten in das Bayerische Oberland.

Mit dem Wirtschaftswunder der Nachkriegszeit stieg auch die Reiselust der Deutschen wieder. Der touristische Flugverkehr steckte damals noch in den Kinderschuhen und war allenfalls etwas für begütertere Bevölkerungsschichten. In den 1950er-Jahren kam deshalb eine neue Form des Reisens in Mode: der Reisebüro-Sonderzug. Mit modernen Liegewagen brachten Reiseveranstalter wie Touropa, Scharnow und Hummel Urlauber aus dem Norden Deutschlands in die Urlaubsregionen in den Alpen. Auch das Oberland war vor allem im Sommer mehrmals in der Woche Ziel dieser Züge. Am Beispiel des Jahres 1960 zeigt sich, wie diese touristischen Angebote betrieblich abgewickelt wurden. Jeweils in der Nacht von Donnerstag auf Freitag verließ der Touropa-Zug D 922 um 17.01 Uhr den Bahnhof Hamburg-Altona mit drei Wagengruppen in Richtung Süden. Ziele waren das Allgäu, das Werdenfelser Land und das Tegernseer Tal. Über Hannover, Hameln, Kassel und Würzburg ging es die Nacht hindurch bis nach Treuchtlingen. Dort wurde der Zug nach der Ankunft um 6.52 Uhr getrennt. Während der eine Teil über Ulm weiter nach Oberstdorf verkehrte, setze der Rest seine Fahrt fort bis zum Güterbahnhof München-Pasing. Für den Tegernseer Teil ging es von hier um 9.35 Uhr mit Zwischenhalten in München-Mittersendling, Holzkirchen, Schaftlach und Gmund nach Tegernsee, wo der Zug um 11.38 Uhr eintraf. Neben diesen sogenannten Turnus-Verkehren erreichten weitere Sonderzüge die Ferienorte. Großer Beliebtheit erfreuten sich zu dieser Zeit die sogenannten Sport-Scheck-Züge, die Skifahrer am Wochenende zu Tagesausflügen in die Wintersportorte südlich von München brachten und auch nach Lenggries verkehrten. Die durchaus interessanten Sonderzugverkehre lassen sich aufgrund fehlender Aufzeichnungen heute bedauerlicherweise nicht mehr detailliert darstellen. In Einzelfällen erlauben aber Film- oder Fotodokumente eine Rekonstruktion. So existieren Fotos und Filmaufnahmen, die den früheren Bundeskanzler Ludwig Erhard in den 1960er-Jahren im Bahnhof Schaftlach mit seinem auf Gleis 1 bereitgestellten Sonderzug zeigen. Der Politiker besaß seinerzeit ein Haus in Gmund am Tegernsee und soll dem Vernehmen nach mehrfach mit der Bahn an- und abgereist sein.

Ebenfalls fotografisch dokumentiert ist die Fahrt eines Elektrotriebzugs der Baureihe ET 425 im Jahr 1969 nach Tegernsee, den eine DB-Diesellok der Baureihe 212 bis Schaftlach brachte. Auf der Tegernsee Bahn wurde ihm die V 65 (TAG 12) vorgespannt. Wenn amerikanische Generäle ihren Stützpunkt in Bad Tölz besuchten, kam gelegentlich auch einer der im Besitz der US-Streitkräfte befindlichen VT 08 in den Isarwinkel.

Große Bedeutung fiel damals noch dem Güterverkehr zu. In allen Bahnhöfen entlang der Strecke gab es dazu die entsprechende Infrastruktur und Personal. Die Zustellung der einzelnen Wagen erfolgte in der Regel von Tölz aus mit Übergabezügen. Zu den wichtigsten Kunden zählten die holzverarbeitenden Betriebe und der Brennstoffhandel. Aber auch Transporte für die Bundeswehr in Lenggries und die US-Streitkräfte in Bad Tölz gehörten zu den Aufgaben der DB. Eine bedeutende Rolle spielte seinerzeit auch noch der von Bad Tölz aus abgewickelte Stückgutverkehr.

Im Bergwerk in Marienstein endete am 31. März 1962 die Kohleförderung, sodass drei Jahre später auch der Güterverkehr von und nach Schaftlach eingestellt wurde. Bis dahin standen zwei Dampfloks und eine Diesellok im Einsatz, die die Rangierarbeiten und die Überstellung der Wagen zwischen Marienstein und Schaftlach bewältigten.

Bei den Triebfahrzeugen dominierten auf der Strecke nach Lenggries Mitte der 1960er-Jahre zunächst Dampflokomotiven der Baureihe 78. Eher selten fuhren auch Lokomotiven der Baureihen 64 und 38 in den Isarwinkel. Die Güterzüge zog in jener Zeit die Baureihe 50. Um das Jahr 1967 herum änderte sich das grundlegend. Anstelle der Dampfloks kamen fortan die Dieselloks der Baureihe V 100 (später Baureihe 211/212) zum Einsatz. Sie wiederum mussten im Personenverkehr bald den Loks der V-160-Familie weichen. Die Züge zwischen München und Schaftlach bestanden in der Regel aus acht Umbauwagen der Gattungen AB4yg, B4yg und BD4yg. Gelegentlich setzte die DB bei den Zügen ins Oberland auch noch vierachsige Eilzugwagen aus den 1930er-Jahren ein. Einige Umläufe mit n-Wagen („Silberlinge“) kündeten aber schon von der absehbaren Modernisierung des Fahrzeugparks.

Die 1970er-Jahre

In den frühen 1970er-Jahren prägten die Dieselloks der Baureihe 215 aus dem Bw Mühldorf das Bild der Eisenbahn im Oberland. Die Heizung der Züge erfolgte zu jener Zeit noch mit Dampf. Das änderte sich ab 1973 mit dem Einsatz der leistungsstärkeren Baureihe 218, die über eine elektrische Zugheizung verfügte und sukzessive die Baureihe 215 ablöste. Damit konnten auch neuere Wagen Verwendung finden, deren Heizungen und Klimaanlagen über die sogenannte Zugsammelschiene mit Strom aus der Lok versorgt wurden. Für den Güterverkehr nach Lenggries nutzte die DB weiterhin die Baureihen 211/212.

Unter die Umbauwagen der Gattung 4yg mischten sich in die Züge immer mehr n-Wagen („Silberlinge“) und Nachkriegs-Eilzugwagen der Gattung AByl bzw. Byl. Vereinzelt konnte man aber auch noch vierachsige Eilzugwagen aus den 1930er-Jahren beobachten. Die Züge bestanden in der Regel aus je zwei gleichartigen dreiteiligen Wagengruppen nach Lenggries und nach Tegernsee, die sich aus jeweils einem BD-Wagen (2. Klasse/Gepäckabteil), einem AB-Wagen (1. Klasse/2. Klasse) und einem B-Wagen (2. Klasse) zusammensetzten. Die BD- und AB-Wagen kamen grundsätzlich von der DB, die hier anfangs noch Umbauwagen des Typs 4yg bzw. 4yge einsetzte. Die TAG/TBG beteiligte sich nur an der Stellung von B-Wagen. Rund zwei Jahrzehnte lang übernahmen die drei B4yge (TAG 45, 46 und 47) der Tegernsee Bahn diese Aufgabe.

Im Jahr 1970 fanden sich im DB-Kursbuch sieben werktägliche Zugpaare zwischen München und Lenggries/Tegernsee. Zu den Besonderheiten gehörte der Einsatz von Schienenbussen der Baureihe VT 798 auf der Strecke zwischen Holzkirchen und Lenggries. Im Plan 504.03 vom 1. Oktober 1978 traf ein VT 798 als Nahverkehrszug 6200 aus Rosenheim kommend um 6.02 Uhr in Holzkirchen ein und fuhr – verstärkt um eine weitere, dort am Vortag verbliebene Garnitur – um 7.02 Uhr als 6641 nach Lenggries (an 7.44 Uhr). Einer der Schienenbusse wendete um 7.52 Uhr als 6646 nach Holzkirchen (an 8.33 Uhr) und übernahm um 10.08 Uhr die Nahverkehrsleistung 6213 nach Rosenheim. Der andere VT 798 verließ Lenggries erst um 11.21 Uhr, um nach zehnminütiger Wende in Holzkirchen wieder zum Ausgangspunkt zurückzukehren. Dort fiel ihm die Aufgabe zu, an Schultagen nach Bad Tölz zu pendeln (an 13.02 Uhr/ab 13.21 Uhr). Von Lenggries aus ging es dann um 13.50 Uhr als Nahverkehrszug 6652 zurück nach Holzkirchen.

Die Attraktivität der Reisebüro-Sonderzüge neigte sich zu jener Zeit bereits ihrem Ende zu. Gleichwohl findet sich in einem Buchfahrplan der Jahre 1972/73 an Montagen noch ein wöchentlicher Turnus-Zug D 13683/13793 von Hamburg nach Tegernsee mit einem Flügelzug nach Lenggries. Er traf über die Verbindungsschleife aus Laim kommend mit einer Ellok der Baureihe 110 um 16.18 Uhr in München-Mittersendling ein. Dort übernahm den Zug eine Diesellok der Baureihe 216 zur Weiterfahrt über Holzkirchen (an 16.54 Uhr/ab 17.28 Uhr), Schaftlach (an 17.40 Uhr/ab 17.55 Uhr als D 13793), Bad Tölz (an 18.04 Uhr/ab 18.06 Uhr) nach Lenggries (an 18.19 Uhr). Die Garnitur wurde um 18.48 Uhr als Leerreisezug Lr 53792 nach München Ost Pbf zurückgeführt. Dies geschah über die damals noch eingleisige Strecke via Deisenhofen/Giesing mit einem kreuzungsbedingten Aufenthalt in Taufkirchen-Unterhaching von 21.29 Uhr bis 21.35 Uhr. Montagfrüh lief dieses Verfahren in umgekehrter Richtung.

Häufiger konnte man Sonderzüge in den 1970er-Jahren auf dem nördlichen Streckenabschnitt zwischen Holzkirchen und Schaftlach beobachten, weil vor allem das Tegernseer Tal und die private Tegernsee Bahn ein beliebtes Ziel für Betriebsausflüge, touristische Reisen und Eisenbahnfreunde war. Fotografisch dokumentiert ist im September 1977 beispielsweise der sogenannte Bayerwald-Tegernsee-Express, der von Cham nach Tegernsee verkehrte und mit der sechsachsigen Diesellok D 1 der privaten Regentalbahn AG (RAG) bespannt war.

Die auf der Tegernsee Bahn noch unter Regie der Deutschen Gesellschaft für Eisenbahngeschichte e.V. (DGEG) verkehrenden Dampfzüge fuhren im Jahr 1974 sogar bis Lenggries. Bei Sonderzugfahrten war der Isarwinkel meistens das Ziel, in eher seltenen Fällen aber auch Ausgangspunkt einer Reise. Letzteres geschah im Juni 1977 bei einem ganz besonderen betrieblichen Ereignis. In Stuttgart fand zu jener Zeit die Bundesgartenschau statt. Als Paradezug bei der DB galt in den 1970er-Jahren der windschnittige, neue IC-Triebzug der Baureihe ET 403 („Donald Duck“). Die drei vorhandenen Garnituren verkehrten werktags als rein erstklassige Intercity-Züge zwischen München und Bremen. Am Wochenende nutze sie die DB nicht selten für Sonderzüge. Am 18. Juni 1977 führte eine solche Fahrt vom Isarwinkel zur Bundesgartenschau nach Stuttgart. Das Interesse daran war groß. Um der Nachfrage gerecht zu werden, wurden zwei ET 403 in Doppeltraktion eingesetzt und einer der beiden normalerweise vierteiligen

Triebzüge mit einem fünften Zwischenwagen verstärkt. Auf dem nicht elektrifizierten Streckenabschnitt südlich von Holzkirchen leistete eine Diesellok der Baureihe 218 Vorspann.

Vor Güterzügen kamen in den 1970er-Jahren in der Regel Lokomotiven der Baureihe 211 zum Einsatz, gelegentlich aber auch die Baureihen 260, 261 und 290. In Bad Tölz stand für Rangierarbeiten lange Zeit eine eigene Köf II (Baureihe 323) zur Verfügung, die auch Wagen zu anderen Bahnhöfen und deren Ladegleisen brachte. Im Jahr 1977 wurde an der Stelle des Übergabebahnhofs für die Strecke nach Marienstein ein Gleisanschluss für den Einzelwagenladungsverkehrs des Eisenwerks Theodor Loos geschaffen. Außerdem erfolgte 1974 die Herabstufung von Obergries von einer Haltestelle zu einem unbesetzten Haltepunkt. Die einstigen Bahnhöfe Warngau und Reichersbeuern wurden 1977 in unbesetzte Haltestellen umgewandelt.

Die 1980er- und 1990er-Jahre

Ab 1981 fuhren die Züge in München nicht mehr in den Holzkirchner Flügelbahnhof, sondern in den nördlich gelegenen Starnberger Flügelbahnhof (Gleis 27–36). Möglich wurde diese Änderung durch einen Tunnel und ein Kreuzungsbauwerk zur Einfädelung der Strecke aus Mittersendling in den Bahnhof Donnersbergerbrücke. Die neue Schienenverbindung diente primär dazu, die S-Bahnen aus Wolfratshausen in die Stammstrecke zu führen, ermöglichte es aber auch den Zügen aus Holzkirchen, den Starnberger Flügelbahnhof anzufahren. Ab 1984 hielten die Eilzüge aus Tegernsee/Lenggries infolgedessen auch am Bahnhof München-Donnersbergerbrücke, der bequeme Umsteigemöglichkeiten in das gesamte S-Bahn-Netz bot. In den 1980er-Jahren blieben die Fahrpläne von ihrer grundsätzlichen Struktur her so erhalten, wie sie in dem Jahrzehnt zuvor konzipiert worden waren. Feststellen lassen sich lediglich kleinere Änderungen. Meist beschränken sie sich auf geringfügige Verschiebungen bei den Uhrzeiten. Die Fahrpläne sahen weiterhin die annähernd im Abstand von zwei Stunden verkehrenden Eilzüge vor. Die Schienenbus-Einsätze als Verstärkerzüge zwischen Holzkirchen und Lenggries für den Schülerverkehr waren in den 1980er-Jahren durch Wendezug-Garnituren aus dem Bayrischzell-Umlauf ersetzt worden.

Eine wesentliche Neuerung brachte 1982 ein durchgehender Zug von Dortmund und später von Münster nach Tegernsee. Umsteigefreie Verbindungen trugen einstmals erheblich dazu bei, die Attraktivität der Eisenbahn zu steigern. Besonders ältere Mitbürger und Familien mit Kindern wussten es zu schätzen, auch mit größerem Gepäck bequem an den Urlaubsort reisen zu können. Diesem Bedürfnis trugen in der Nachkriegszeit zunächst die Reisebüro-Sonderzüge von Touropa, Hummel oder Scharnow Rechnung. Auch das Bayerische Oberland war – wie im vorangegangenen Kapitel beschrieben – viele Jahre Zielgebiet solcher Angebote. Diese Form der Pauschalreise verlor mit der Zeit an Strahlkraft. Neuere Angebote wie der Alpen-See-Express und TUI-Ferienexpress versuchten zwar einige Jahre lang, daran anzuknüpfen, konnten sich aber nicht über einen längeren Zeitraum dauerhaft etablieren. Ein probates Mittel, Feriengebiete mit umsteigefreien Verbindungen zu erschließen, blieben Kurswagenläufe und spezielle Regelzüge zu Urlaubszielen. Letztere waren nur einem kleinen Kreis bedeutender Touristik-Regionen vorbehalten, zu denen innerhalb Deutschlands lange Zeit vor allem Sylt, der Schwarzwald, das Werdenfelser Land, das Berchtesgadener Land und das Bäderdreieck in Niederbayern gehörten. Umso größer war im Bayerischen Oberland die Freude, als im Sommer 1982 auch das Tegernseer Tal und der Isarwinkel in diesen exklusiven Kreis der Feriengebiete Aufnahme fanden. Von da an verband der D 1716/1717 täglich Dortmund über Mainz und Stuttgart mit Tegernsee und Lenggries. Der Zug verließ Dortmund als D 1717 um 6.15 Uhr und traf um 16.40 Uhr nach mehr als zehn Stunden an seinem Zielort ein. Zwischen München und Tegernsee/Lenggries war er als zuschlagfreier Eilzug klassifiziert und stand somit auch Pendlern zur Verfügung. Die Wagengruppe nach Tegernsee setzte sich aus zwei Wagen der Gattung Bm und einem Wagen der Gattung ABm zusammen. Der Zugteil nach Lenggries erhielt ab München zusätzlich noch einen BDms zum Gepäck- und Fahrradtransport. Von Dortmund bis Augsburg liefen im D 1717 außerdem noch Kurswagen nach Mittenwald und Füssen mit. Der Gegenzug verließ Lenggries um 9.07 Uhr als E/D 1716 und erreichte Dortmund um 19.05 Uhr. Ab 1985 wechselte die Zugnummer auf D 716/717. Etwas später änderte sich auch der Laufweg. Der Zug fuhr nicht mehr von und nach Dortmund, sondern über Recklinghausen nach Münster (ab 6.04 Uhr/an 19.32 Uhr). Im Sommer 1988 erfolgte dann noch eine Aufwertung zum FD 1916/1917 „Tegernsee“. Das Wagenmaterial blieb aber unverändert. Der Laufweg führte allerdings wieder nach Dortmund. Zuglok zwischen München und Lenggries war stets eine BR 218 vom Bw Mühldorf. Lange währte die Freude über den Zug allerdings nicht. Nach knapp zehn Jahren wurde die Direktverbindung zwischen Nordrhein-Westfalen und Tegernsee am 1. Juni 1991 wieder eingestellt. Seither müssen Urlauber mit dem Ziel Tegernsee grundsätzlich in München Hbf umsteigen.

Die drei B4yge (TAG 45, 46 und 47) der Tegernsee Bahn, die in gemeinsamen Umlaufplänen bis München und Lenggries kamen, wurden zwischen 1988 und 1993 durch einen Bm 232 der DB und die zwei ehemaligen Liegewagen der französischen Streitkräfte abgelöst, die das Unternehmen in seiner eigenen Werkstätte umgebaut hatte. Einer der Umläufe für die Wendezüge zwischen München/Holzkirchen und Bayrischzell umfasste um die Mittagszeit auch ein Zugpaar zwischen Holzkirchen und Lenggries, das keine Wagengruppe von und nach Tegernsee mitführen konnte. Um einen Anschluss herzustellen, verkehrten hier zeitweise auch TAG-Züge im Binnenverkehr.

Unter steigendem Kostendruck zog sich die DB aus dem defizitären Einzelwagenladungsverkehr und damit den Güterverkehr in der Fläche weitgehend zurück. Bahnkunden zwischen Holzkirchen und Lenggries wurden in den 1980er-Jahre nach Bedarf vom Knotenbahnhof Holzkirchen aus mit der dort stationierten Köf III (Baureihe 333) bedient. Nach der Auflösung des Knotens Holzkirchen kamen die einzelnen Güterwagen mit einer Lok der Baureihe 290 aus München-Mittersendling.

Am 26. September 1989 führte die DB zwischen Schaftlach und Lenggries den Signalisierten Zugleitbetrieb (SZB) ein. Dieses System beruht darauf, dass die Steuerung des Streckenblocks und die Freimeldung eines Gleisabschnitts über einen zwischen den Schienen angebrachten Empfänger erfolgt. Dazu bedarf es eines Senders am Zugschluss. Der jeweilige Zugleiter – in diesem Fall der Fahrdienstleiter im Bahnhof Schaftlach – erteilt dem Triebfahrzeugführer die Fahrerlaubnis. Über eine Infrarot-Fernbedienung oder über einen Schlüsselschalter kann dieser dann die Ausfahrtstraße anfordern. Im Vorfeld der Einführung des Signalisierten Zugleitbetriebs musste die Strecke entsprechend modernisiert werden. Der Bahnhof Bad Tölz erhielt Richtungsbetrieb mit automatisch gesteuerten Weichen und Lichtsignale. Ferner mussten an der Strecke die Zugschlussempfänger installiert werden. Im Endbahnhof Lenggries und in Bad Tölz konnten durch den SZB die örtlichen Fahrdienstleiter eingespart werden. Die Zugschlusssender werden bis heute am Bahnhof Schaftlach bereitgehalten und bei Bedarf am Zugschluss eingehängt. Die Triebzüge von BOB/BRB haben die Sender fest eingebaut.

Der Weg zur Bahnreform – die 1990er-Jahre

In Zusammenhang mit der Umwandlung der Deutschen Bundesbahn in die Deutsche Bahn AG und der Aufteilung des Konzerns kam die Verantwortung für die Gleisanlagen im Jahr 1994 zur Tochter DB Netz AG und für die Bahnhöfe zu DB Station&Service AG. Die Betriebsführung erfolgte durch die DB Regio AG. Zu diesem Zeitpunkt entstanden die Zuggattungen „Regionalbahn" (RB), „Regional-Express" (RE) und „Stadt-Express" (SE), die an die Stelle der Nahverkehrszüge und der Eilzüge traten.

Im Personenverkehr wurde der Betrieb werktags weiterhin nach dem jahrzehntelang erprobten Grundprinzip abgewickelt. An Wochenenden richtete die DB Regio AG 1994 im Oberland dann aber erstmals einen Taktverkehr ein. Die lokbespannten Züge nach Bayrischzell und nach Tegernsee/Lenggries verließen München zeitversetzt jeweils im Zwei-Stunden-Takt. Dadurch gab es in jeder Richtung sieben umsteigefreie Verbindungen in den Isarwinkel und das Tegernseer Tal. In den Taktlücken pendelte ein Triebwagen der Baureihe VT 628.4 zwischen Holzkirchen und Lenggries, der Anschluss zu den Bayrischzeller Zügen hatte. Somit standen zumindest nach Lenggries stündliche Verbindungen zur Verfügung.

In den 1990er-Jahren verkehrten – wenn auch zunehmend seltener – weiterhin Sonderzüge. So befuhr etwa im Sommer 1996 der historische Triebzug der DB-Baureihe VT 12.5, das „Stuttgarter Rössle", auf dem Weg nach Tegernsee die Strecke zwischen Holzkirchen und Schaftlach. Das Fahrzeug gehört der DB ZugBus Regionalverkehr Alb-Bodensee GmbH (RAB), einer Tochtergesellschaft der Deutschen Bahn AG.

Der Güterverkehr kam im Verlauf der 1990er-Jahre weitgehend zum Erliegen. Der Wagenladungstarifpunkt in Schaftlach wurde am 27. Mai 1990 geschlossen. Den dortigen Gleisanschluss zum Eisenwerk Theodor Loos kündigte die DB zum 30. Juni 1992. In jenem Jahr stellte das Unternehmen auch den Stückgutverkehr ein. Die Auflösung der Güterverkehrsstelle Bad Tölz erfolgte schließlich im Jahr 2001.

Am 11. Dezember 1965 zieht die 78 303 den P 1221 von München nach Lenggries. Das Foto entstand kurz nach Verlassen des Bahnhofs Bad Tölz. Der Zug besteht – wie in den 1960er-Jahren üblich – aus vier Wagen der Bauart 4yg.

Bis zur Einstellung des Betriebs im Jahr 1965 wurden auf der rund vier Kilometer langen Anschlussbahn zwischen Schaftlach und Marienstein vor allem Kohle und Zement transportiert. Zum Einsatz kam in den 1950er-Jahren in der Regel die Dampflokomotive „Marienstein 2". Das Foto oben zeigt sie 1958 mit einem Zug bei Point. Auf dem Bild unten steht sie in Marienstein, wo sich umfangreiche Gleisanlagen zum Verladen und Rangieren befanden.

Die Werkslok „Marienstein 2" stieß am 9. Juli 1955 bei Waakirchen an einem Bahnübergang mit einem leeren Tanklastzug zusammen und wurde dadurch aus den Gleisen gehoben (oben). Auf dem etwa 1963/64 aufgenommenen Foto unten wartet sie im Bahnhof Schaftlach auf den Abtransport zu einem Schrotthandel in Otterfing.

Am 7. August 1965 steht die 78 222 vor dem P 1218 abfahrbereit in Lenggries. Ein n-Wagen („Silberling") unmittelbar hinter der Lok kündet in dem ansonsten nur aus Wagen der Bauart 4yg bestehenden Zug bereits von dem absehbaren Wandel im Fahrzeugpark der Deutschen Bundesbahn.

In den 1960er-Jahren verkehrten zwischen München und dem Isarwinkel meist Züge mit Wagen der Bauart 4yg und Dampfloks der Baureihe 78. In Schaftlach erfolgte die Trennung bzw. Vereinigung der aus je vier Wagen bestehenden Zugteile nach Tegernsee und Lenggries. Das für diese Zeit typische Foto zeigt den P 1218 nach München am 10. Juni 1966 mit der 78 318 in Schaftlach.

★429 Lenggries—Bad Tölz und Tegernsee—München | Bus Lenggries—Bad Tölz—München Nr 2429/30

km	BD München	Zug Nr Klasse	⚒1210 1. 2.	1212 1. 2.	E 700 1. 2.	⚒ 4400 Bus		1214 1. 2.	1216 1. 2.	E 706 1. 2.		⚒ 4402 Bus	1218 1. 2.		4404 Bus	1222 1. 2.	† E710 1. 2.	⚒ 4406 Bus	⚒ E712 ℞ 2.		4408 Bus	Sa 6202 Bus	
0,0	**Lenggries** 1052 Bus	ab	⚒5.14	6.00	**7.00**	⚒ 7.15	...	9.17	12.02	**14.00**	...	⚒ 16.00	17.12	...	18.00	18.38	†**20.00**	⚒19.40	Bus	...	21.45	Sa22.15	...
3,2	Obergries		5.18	6.05	**7.05**	▲7.19	...	9.21	12.07	**14.04**	...	▲16.04	17.17	...	▲18.04	18.42	**20.05**	▲19.44	...	...	21.49	▲22.19	...
6,7	Gaißach		5.23	6.10	**7.10**		...	9.27	12.12	**14.09**	...		17.22	...		18.47	**20.10**		...	...			...
9,5	**Bad Tölz**	an	5.28	6.14	**7.14**	▲7.42	...	9.31	12.16	**14.13**	...	▲16.27	17.26	...	▲18.30	18.51	**20.14**	⚒ 20.00	...	...	▲ 22.04	Sa22.35	...
		ab	5.30	6.16	**7.16**	▲7.42	...	9.34	12.21	**14.15**	...	▲16.27	17.30	...	▲18.30	18.55	**20.18**	...	⚒**20.23**	...	▲ 22.04	...	...
14,6	Reichersbeuern		5.38	6.23			...	9.41	12.28		...		**17.37**	...		19.02		...		...			...
19,4	**Schaftlach**	an	⚒5.45	6.29	**7.27**		...	9.47	12.34	**14.26**	...		**17.44**	...		19.08	†**20.29**	...	⚒**20.33**	...		...	...
	Tegernsee	an	⚒*6.45*	...	*7.55*	...	...	*10.48*	***13.05***	*15.14*	...	...	***18.15***	...	...	†*19.42*	*21.42*	...	*21.42*	...	...	...	...
	Tegernsee-Bahn-AG in Tegernsee	Zug Nr Klasse	⚒602 Bus	12 1. 2.	E 100 oG 1.2.		⚒ E702 oG 1. 2.	14 1. 2.	16 1. 2.	E 106 oG 1.2.	⚒ E708 oG 1. 2.		18 1. 2.			22 1. 2.	† E110 oG 1. 2.	⚒ 32 oG 2.				† 38 oG 2.	
0,0	**Tegernsee** 1052. Bus	ab	⚒4.50	6.04	**7.02**		⚒ **8.10**	9.20	12.08	**14.04**	⚒**16.00**		17.17	...		18.42	†**20.03**	⚒ 20.07		...		† 22.10	...
2,1	St Quirin			6.08			Bus	9.24	12.12		Bus		17.21	...		18.46	**20.07**	20.11		...		22.14	...
4,6	Gmund a Tegernsee (Bus)		5.23	6.15	**7.11**		**8.18**	9.31	12.19	**14.13**	**16.08**		17.28	...		18.53	**20.14**	20.17		...		22.19	...
7,6	Moosrain (Bus)		▲5.28	6.21	**7.17**			9.38	12.26				17.35	...		19.00	**20.21**	20.24		...		22.25	...
12,3	**Schaftlach**	an	⚒5.40	6.28	**7.24**		⚒ **8.29**	9.46	12.33	**14.25**	⚒**16.19**		17.43	...		19.07	†**20.28**	⚒ 20.31		...		† 22.33	...
	BD München	Zug Nr Klasse	⚒1210 1. 2.	1212 1. 2.	E 700 1. 2.	•		1214 1. 2.	1216 1. 2.	E 706 1. 2.			1218 1. 2.	1322 1,2.		1222 1. 2.	† E710 1.2.		⚒ E712 ℞ 2.	3644 1. 2.			
19,4	**Schaftlach**	ab	⚒5.46	6.34	**7.33**		⚒ **8.34**	9.52	12.40	**14.32**	⚒**16.24**		17.50	...		19.14	†**20.35**	...	⚒**20.35**	...		...	...
24,2	Warngau		5.52	6.40				9.58	12.46				17.56	...		19.20		...	Bus	...		...	...
30,1	**Holzkirchen** 429 a, b Bus	an	⚒5.58	6.46	**7.44**	8.08		10.04	12.52	**14.42**	**16.32**	16.53	18.02	...	18.56	19.26	**20.45**	...	**20.45**	...	22.28	...	...
		ab	6.00	6.47	**7.45**	8.13		10.06	12.54	**14.43**	**16.33**	16.53	18.04	18.18	18.56	19.28	**20.46**	...	**20.46**	20.52	22.28	...	...
33,4	Otterfing		6.04			▲8.18		10.11				▲16.58		18.23	▲19.01			...		20.56	▲ 22.33	...	...
40,6	Sauerlach		6.12			▲8.27		10.19				▲17.07		18.32	▲19.10			...		21.03	▲ 22.42	...	...
48,2	**Deisenhofen**	an	6.19	7.02				10.26	13.09				18.19	18.40		19.44		...		21.11		...	...
	München Ost 429 e	an	⚒*6.49*	⚒*7.44*	...	...	...	*11.01*	*13.39*	...	...	...	*18.53*	*19.23*	...	*20.12*	...	...	...	*21.37*	...	...	...
48,2	**Deisenhofen**	ab	6.20	7.03				10.27	13.10				18.20	18.42		19.45		...		21.12		...	...
55,9	Großhesselohe		6.27											18.50				...		21.20		...	...
57,2	München-Solln		6.31											18.53				...		21.23		...	...
60,1	München-Mittersendling		6.35	7.15				10.39	13.22				18.32	18.59		19.58		...		21.27		...	...
61,2	Mü-Forstenriederstraße		6.37															...		21.29		...	...
66,6	**München** Hbf Holzkirchn Bf	an	6.44	7.23	**8.15**	⚒ ▪ 9.05	⚒ **9.10**	10.47	13.30	**15.11**	⚒**17.00**	⚒ ▪ 17.45	18.40	19.07	▪19.50	20.07	†**21.15**	...	⚒**21.15**	21.37	▪23.20	...	...

Gesamtverk 429 f

▪ Vorplatz Starnberger Bf ℞ beschränkte Fahrradbeförderung, sonst oG ▲ Bus hält nicht am Bahnhof

⚒-Züge und -Fahrten nicht 21. VI., 15. VIII. †-Züge und -Fahrten auch 21. VI., 15. VIII.

Der Auszug aus dem Fahrplan des Jahres 1962 zeigt die Triebwagen-Verbindungen von Lenggries und Tegernsee nach München.

Diese Aufnahme vom 13. Mai 1966 zeigt den E 709 beim Verlassen des Münchner Hauptbahnhofs. An der Spitze des Zuges laufen ein ETA 150 und ein ESA 150 der DB mit Ziel Bad Tölz. Dahinter folgen der VT 25 und der VS 01 der Tegernsee Bahn, die von Schaftlach aus nach Tegernsee weiterfahren. Links sieht man die Bereitschaftslok 50 2241. ▸

Die 78 489 am 26. Februar 1965 mit dem P 1216 aus Tegernsee und Lenggries bei der Einfahrt in München Hbf/Holzkirchner Bahnhof.

Der frühere Bundeskanzler Ludwig Erhard, der ein Haus in Gmund am Tegernsee besaß, reiste Mitte der 1960er-Jahre mehrfach in einem Salonwagen nach Schaftlach, um von dort mit dem Auto in sein Domizil zu fahren. Oben ist er mit Fahrdienstleiter Ferdinand Bayer (links) am 31. Dezember 1963 bei der Ankunft in Schaftlach zu sehen. Der Ausschnitt aus einem Archivfilm des Bayerischen Rundfunks (unten) zeigt ihn zu einem anderen Zeitpunkt beim Besteigen des Sonderzuges in Schaftlach.

Die in Schaftlach abgestellte Werkslok „Marienstein 2" in den 1960er-Jahren neben einer V 100 und einer V 60. Zu jener Zeit gab es auf dieser Strecke noch beachtlichen Güterverkehr.

Die Werkslok des Zement- und Bergwerks Marienstein wurde nach der Stilllegung der Strecke nicht mehr benötigt und verließ Schaftlach am 9. Dezember 1966 angehängt an einen Güterzug. Die Diesellok kam später in veränderter Lackierung beim Kraftwerk in Hausham zum Einsatz.

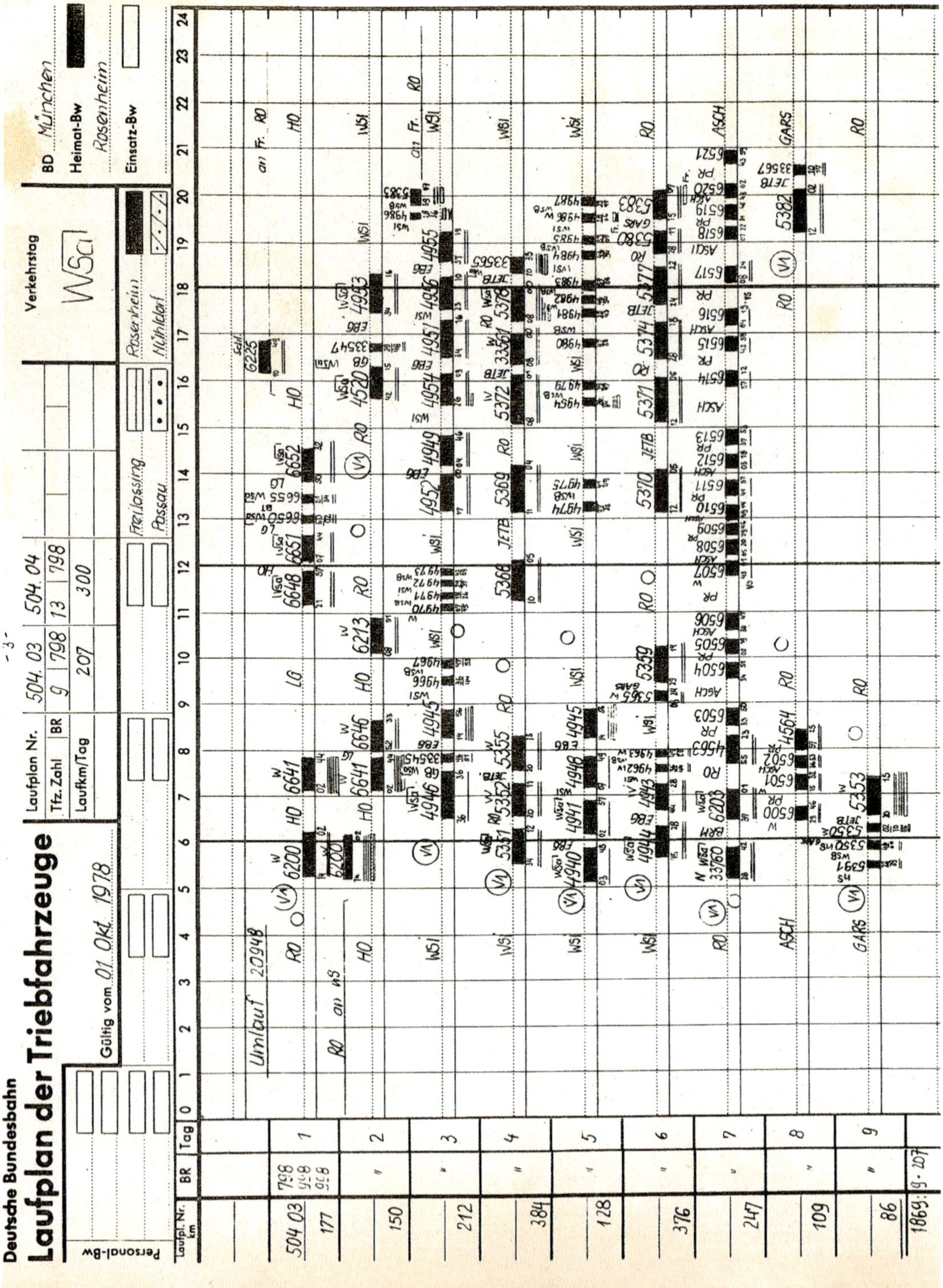
Deutsche Bundesbahn
Laufplan der Triebfahrzeuge
Gültig vom 01. Okt. 1978
Laufplan Nr. 504.03 504.04
Tfz. Zahl BR 9 798 13 798
Laufkm/Tag 207 300
Verkehrstag WSa
BD München
Heimat-Bw Rosenheim
Einsatz-Bw
Personal-Bw
Freilassing Rosenheim
Passau Mühldorf
Laufpl. Nr. km BR Tag
Umlauf 20948

Zu den Besonderheiten in den 1970er-Jahren gehörte auch der zeitweise Einsatz von Schienenbussen der Baureihe VT 798 auf der Strecke zwischen Holzkirchen und Lenggries. Im neuntägigen Plan 504.03 vom 1. Oktober 1978 (siehe gegenüberliegende Seite) war vorgesehen, dass die über die Mangfalltalbahn nach Holzkirchen fahrenden VT 798 an zwei Umlauftagen von dort auch Leistungen nach Lenggries übernahmen. Dort fiel ihnen die Aufgabe zu, für den Schülerverkehr nach Bad Tölz zu pendeln (an 13.02 Uhr/ab 13.21 Uhr). Auf dem Foto oben verlässt eine solche dreiteilige Schienenbus-Garnitur im Jahr 1977 gerade Schaftlach Richtung Holzkirchen. Das Foto unten zeigt die Abstellung der Fahrzeuge in Holzkirchen.

Mit einem Sonderzug von Cham nach Tegernsee kam am 4. September 1977 die Diesellok D1 der Regentalbahn AG (RAG) in den Bahnhof Schaftlach. Weil der Zug außergewöhnlich lang war, musste die 218 252 der D1 Vorspann leisten. Im Hintergrund sind bereits die neuen Lichtsignale zu erkennen, die wenig später die Formsignale ersetzt haben.

Am 18. Juni 1977 fuhr der ET 403 der DB als Sonderzug vom Isarwinkel zur Bundesgartenschau nach Stuttgart (Foto bei der Durchfahrt durch Sauerlach). Das Interesse daran war so groß, dass zwei ET 403 in Doppeltraktion zum Einsatz kamen und einer der beiden normalerweise vierteiligen Triebzüge mit einem fünften Zwischenwagen verstärkt werden musste. Auf dem nicht elektrifizierten Streckenabschnitt südlich von Holzkirchen leistete eine Diesellok der Baureihe 218 Vorspann. ▲

476

D 13682 Mo **D 13682 B (für Mo) (14,9) 2. Klasse**
(Tegernsee–) Schaftlach–Holzkirchen–München Mittersendling–Abzw Ls (–Augsburg–Würzburg–Hannover–Hamburg)

Tfz 216 bis Mü-Mitt **Last 350 t bis Holzk** **Mbr 102**
110 ab Mü-Mitt **500 t ab Holzk**

D 13792 B (für Mo) D 13792 B (für Mo) (14,9) 2. Klasse
Lenggries–Schaftlach

Tfz 216 **Last 150 t** **Mbr 102**

				D 13682		D 13792	
1	2	3a	3b	4	5	4	5
	50	**Lenggries**	66,6				**8.17**
66,2							
	60	Obergries Hp	63,4				
60,3							
	50						
60,2							
	60	Gaißbach Hst	59,9				
57,1		**Bad Tölz** E 50	57,1			**8.28**	**34**
	100	Reichersbeuren E 50	52,0				**38**
		Schaftlach E u A 60	47,2	**(9.13)**	**9.20**	**8.42**	**(9.20)**
		Warngau E 60	42,4		**25**		
37,0							
	90	⌢					
		Holzkirchen A 50	36,5	**9.31**	**9.49**		
		(Tegernsee)			**(8.47)**		
		(Gmund)		**(8.56)**	**(8.59)**		

Im Buchfahrplan der Jahre 1972/73 fand sich ein Turnus-Zug zwischen Hamburg und Tegernsee mit einem Flügelzug von/nach Lenggries. Er sollte in München die Verbindungsschleife zwischen Laim und Mittersendling befahren. In München-Mittersendling war vorgesehen, dass eine Ellok der Baureihe 110 die Garnitur übernahm. Bis dorthin war eine Lok der Baureihe 216 eingeteilt. Leider ist nicht belegt, wie oft dieser Zug tatsächlich verkehrte.

Im Bahnhof Schaftlach wurden die in der Regel aus je drei Wagen bestehenden Zugteile aus Tegernsee und Lenggries vereinigt. Anschließend fuhren die sechsteiligen Garnituren, in denen auch Wagen der TAG eingereiht waren, weiter nach München. Die Fotos zeigen diese Züge Anfang 1992 (oben) und im Februar 1983 (unten) im Bahnhof Schaftlach.

Zwischen 1982 und 1991 verkehrte ein Schnellzug zwischen Dortmund bzw. Münster und Tegernsee mit Kurswagen von und nach Lenggries. Das Foto oben zeigt die TAG 14 der Tegernsee Bahn, wie sie sich in Schaftlach an den Schluss des aus Dortmund eingetroffenen Zuges setzt, um die letzten drei Wagen nach Tegernsee zu bringen. ▲

Aufschluss über das im D/E 1716 eingesetzte Wagenmaterial gibt der Zugbildungsplan aus dem September 1984 (Abbildung rechts).

— 591 —

D 1716 **Tegernsee** (9.06)—Schaftlach—München—Stuttgart—Darmstadt—Mainz—Bonn—Köln—Düsseldorf—Essen—**Dortmund** (19.05)

`)ϟ(•• 150% 350 t, ab MA 600 t ♀ MH—KK

max 4, ab MSFL max 8, ab MH max 15, MH 11, TS 14, RWE 14, EDO 14

bis 3. XI., 22. XII., 2.—6. I., Sa 2. II.—11. V., tägl ab 15. V.

▲ ab Tegernsee und München

	Bm	29		Tegernsee—Dortmund		3577	1717	10243
	ABm	28		„	„	„	„	„
	Bm	27		„	„	„	„	„
①	Bm	26	(Lenggries—)Schaftlach—		„	3580	„	10242
	ABm	25	„	„	„	„	„	„
	Bm	24	„	„	„	„	„	„
	BDms	23+	„	„	—München	„	„	20794
	Avm	21	(Mittenw—)	Augsburg—Dortmund		2716	„	10244
②	Bm	20		„	„	„	„	„
	Bm	19	„	„	„	„	„	„
	Bm	18+	„	„	„	„	„	„
a)	Bm	17	(Füssen—)	„	„	3723	„	10246
a)	ABm	16	„	„	„	„	„	„

▼ ab Schaftlach und Stuttgart

a) bis 3. XI.

① Abt 1 Frau u Kind, Abt 2 u 10 ♿, Abt 11 DSG München—Köln, Abt 12 Dst

② Abt 2 u 10 ♿

Abstellbf Dortmund Flughafen

▌ab MSFL 7/7, ab MH 6/6, ab MA 12/12 ▌

[] ab MSFL 7/7, ab MH 6/6, ab MA 10/12 []

An Wochenenden richtete die DB Regio AG 1994 im Oberland erstmals einen Taktverkehr ein. Die lokbespannten Züge nach Bayrischzell und nach Tegernsee/Lenggries verließen München zeitversetzt im Zwei-Stunden-Takt. In den jeweiligen Taktlücken pendelte ein Triebwagen der Baureihe VT 628.4 zwischen Holzkirchen und Lenggries, der Anschluss zu den Zügen von bzw. nach Bayrischzell hatte. Somit standen zumindest nach Lenggries stündliche Verbindungen zur Verfügung. Die beiden Fotos mit dem 628/928 572 (oben) und der 218 382 (unten) entstanden am 5. März 1995.

Viele Jahrzehnte bestanden die Züge zwischen Lenggries und Schaftlach regulär aus einer Lok der Baureihe 218 und drei Wagen. Das Foto entstand Ende der 1990er-Jahre in der Nähe von Schaftlach.

Um die Vorzüge des vom Hersteller ABB Scandia für die Dänischen Staatsbahnen (DSB) gebauten dreiteiligen Dieseltriebzugs der Baureihe MF („IC3") sichtbar zu machen und für sein Konzept der Flügelzüge zu werben, hatte der damalige Geschäftsführer der Tegernsee Bahn, Heinrich Oswald, einen dieser Triebzüge zu einer Testfahrt und Präsentation an den Tegernsee geholt. Das Foto entstand am 12. Juni 1994 im Bahnhof Schaftlach.

Der Güterverkehr war im Verlauf der 1990er-Jahre stark rückläufig und kam nach Auflösung der Güterverkehrsstelle Bad Tölz im Jahr 2001 weitgehend zum Erliegen. Solche idyllischen Motive einer Lok der Baureihe 212 (oben) waren damals schon eine Seltenheit. Auch die Baureihe 218, hier im Frühjahr 1990 bei der Ausfahrt aus dem Bahnhof Schaftlach Richtung Reichersbeuern (unten), kommt seit zwei Jahrzehnten nicht mehr regulär in den Isarwinkel.

Die Ära von Bayerischer Oberlandbahn (BOB) und Bayerischer Regiobahn (BRB)

In Zusammenhang mit der Bahnreform trat am 1. Januar 1996 das vom Deutschen Bundestag verabschiedete Gesetz zur Regionalisierung des öffentlichen Personennahverkehrs (RegG) in Kraft. Die Verantwortung für den Schienenverkehr in Bayern ging infolgedessen 1996 auf den Freistaat über. Mit den damit verbundenen Aufgaben betraute er die eigens zu diesem Zweck gegründete Bayerische Eisenbahngesellschaft mbH (BEG). Als Unternehmen des Freistaats Bayern fungierte sie fortan als Aufgabenträger für den Schienenpersonennahverkehr (SPNV) in Bayern. Bei ihr liegt die Zuständigkeit für die Planung, Finanzierung und Qualitätssicherung. Als erstes großes Projekt im Rahmen der Bahnreform stand für die BEG das Vergabeverfahren für die Strecken von München nach Bayrischzell, Tegernsee und Lenggries auf der Agenda. Die Vertragsdauer sollte sich von November 1998 bis Dezember 2013 erstrecken. Das von der BEG ausgeschriebene Betriebskonzept sah einen Stundentakt und Flügelzüge für die einzelnen Streckenäste vor. Zwischen München und Holzkirchen sollten die drei Zugteile wegen der begrenzten Kapazität gemeinsam unterwegs sein. Sie teilen sich die Trassen dort mit der Münchner S-Bahn. Die Idee zu dieser Form der Betriebsabwicklung kam vom damaligen Geschäftsführer der Tegernsee Bahn, Heinrich Oswald.

Bei der europaweiten Ausschreibung für den Betrieb der Strecken von München nach Lenggries, Tegernsee und Bayrischzell erhielt im März 1997 die Bietergemeinschaft aus DEG-Verkehrs-GmbH und Bayerischer Zugspitzbahn AG den Zuschlag. Diese gründeten im März 1998 die Bayerische Oberlandbahn GmbH, die später im französischen Veolia-Konzern aufging. Die Oberlandbahn-Verkehrsgesellschaft mbH, zu der sich Deutsche Bahn (50 %), Kraftverkehr Bayern (30 %) und Tegernsee Bahn Betriebsgesellschaft mbH (20 %) zusammengeschlossen hatten, ging leer aus. Damit endete auch die jahrzehntelange Ära der DB zwischen München und Lenggries.

Das Betriebskonzept setzte ein Fahrzeug voraus, das sich schnell kuppeln und flügeln lässt. Heinrich Oswald hatte dafür seinerzeit den vom Hersteller ABB Scandia für die Dänischen Staatsbahnen DSB gebauten dreiteiligen Dieseltriebzug der Baureihe MF („IC3") im Blick. Das Fahrzeug ist so konstruiert, dass der Führerstand an den Stirnseiten zur Seite geklappt und so ein Durchgang zwischen den gekuppelten Garnituren geschaffen werden kann. Um dessen Vorzüge sichtbar zu machen und für sein Konzept zu werben, hatte Oswald am 12. Juni 1994 einen dieser Triebzüge zu einer Testfahrt und Präsentation an den Tegernsee geholt. Die Beschaffung dieser Fahrzeuge wurde aber verworfen. Stattdessen sollte die Bayerische

Oberlandbahn GmbH 17 neu entwickelte, dreimotorige Diesel-Gliederzüge des Typs „Integral" der Jenbacher Transportsysteme AG (Verkehrssparte der Jenbacher AG) einsetzen. Aus der Jenbacher Transportsysteme AG wurde später die Integral Verkehrstechnik AG (IVT).

Bereits im Herbst 1998 zeichnete sich allerdings ab, dass nur rund die Hälfte der technisch anspruchsvollen Fahrzeuge zum geplanten Starttermin am 29. November 1998 einsatzbereit sein würde. Die Bayerische Oberlandbahn GmbH musste deshalb vorübergehend Fahrzeuge anderer Eisenbahnverkehrsunternehmen anmieten. Neben den wenigen einsatzfähigen „Integralen" kamen zwischen München und Lenggries bzw. Bayrischzell infolgedessen unter anderem auch wieder die bekannten Wendezug-Garnituren aus n-Wagen und Loks der Baureihe 218 der DB Regio zum Einsatz. Der Taktfahrplan mit dem Flügelzug-Konzept ließ sich in der ursprünglich geplanten Form damit aber nicht realisieren.

Die „Integral"-Züge wurden mit der Zeit zwar alle ausgeliefert, erwiesen sich aber als sehr störanfällig. Dem neu entwickelten Fahrzeug fehlte eine eingehende Erprobung. Vor allem die Datenübertragung zwischen den Computersystemen der Fahrzeuge erwies sich als Schwachstelle und sorgte regelmäßig für liegen gebliebene Züge. Die Lage spitzte sich dramatisch zu und führte dazu, dass sich BEG und BOB schließlich gezwungen sahen, alle 17 „Integrale" zur Überarbeitung wieder zurück ins Herstellerwerk nach Jenbach zu überstellen.

Im Sommer 1999 setzte deshalb eine fieberhafte Suche ein, wie und mit welchen Fahrzeugen die Zeit bis zur Rückkehr der „Integrale" überbrückt werden könnte. Dabei wurde vorübergehend auch erwogen, den Ersatzverkehr mit fünf früher bei den Dänischen Staatsbahnen (DSB) eingesetzten NoHAB-Loks und n-Wagen der DB durchzuführen. Eine von ihnen trug noch das ursprüngliche Design der DSB. Die übrigen waren silber-blau oder silber-rot lackiert. Mit den Lokomotiven fanden am 11. September 1999 Test- bzw. Präsentationsfahrten zwischen Holzkirchen und Schliersee mit je einer Lok an den Zugenden statt. Die BOB wies darauf sogar mit Pressemitteilungen hin. Die Fahrzeuge eigneten sich aber aus verschiedenen Gründen – unter anderem wegen der fehlenden Türsteuerung – nicht für den Einsatz im Oberland.

Zum Fahrplanwechsel am Ende des Jahres kam es deshalb zu einer vorübergehenden, umfassenden Rückkehr der alten Wendezüge der DB mit je vier n-Wagen und Dieselloks der Baureihe 218 zwischen München und Lenggries. Insgesamt standen neun dieser Garnituren zur Verfügung. Eine Lok hielt man in Holzkirchen als Reserve bereit. Da anfangs nur wenige BOB-Lokführer auf der Baureihe 218 ausgebildet waren, musste auf den Triebfahrzeugen zunächst DB Regio-Personal aus ganz Deutschland Dienst tun. Die Zugbegleiter stellten entweder BOB oder DB Regio. Auch als später Lokführer der BOB für die Baureihe 218 zur Verfügung standen, kamen in den Zügen regelmäßig gemischte Teams beider Unternehmen zum Einsatz.

Damit DB Regio die aus ganz Deutschland ins Oberland verlegten Wendezüge einsetzen konnte, musste die Connex damals 50 % Anteile an die DB Regio mit einem negativen Kaufpreis verkaufen. Als Gründe wurden wettbewerbsrechtliche Erfordernisse genannt. Ein sogenanntes Casting-Vote sicherte ihr Einfluss, ohne dass die BOB dadurch mehrheitlich ein dem Bund gehörendes Unternehmen geworden wäre. Im Jahr 2002 zog die DB Regio eine Put-Option, um die Anteile wieder zu veräußern und das Engagement bei der BOB zu beenden.

Betrieblich stellte der Ersatzverkehr die BOB vor große Herausforderungen. Der Flügelzugbetrieb war nicht möglich und auch für eine Rückkehr zu den Kurswagen früherer Zeit fehlten inzwischen die Voraussetzungen. Zwischen Tegernsee und Schaftlach musste deshalb ein Pendelverkehr eingerichtet werden, bei dem unter anderem Triebwagen der Baureihen NE 81 der Württembergischen Eisenbahngesellschaft (WEG) oder LVT/S von Bombardier und der Burgenlandbahn Verwendung fanden. Das Tegernseer Tal ließ sich in dieser Zeit nur mit Umsteigen in Schaftlach erreichen. Zum Tanken und für Instandhaltungsarbeiten fuhren die Fahrzeuge ins Betriebswerk nach Lenggries. Diese Form der Betriebsabwicklung fand von 1999 bis Januar 2002 statt. Auch die nächtliche Abstellung der DB-Wendezüge bereitete Probleme, weil nicht in allen Endbahnhöfen ausreichend Gleise vorhanden oder die nächtliche Stromversorgung der Zugsammelschiene mit 1.000 Volt möglich war. Obwohl die DB-Züge gar nicht regulär nach Tegernsee fuhren, wurde eine dieser Garnituren dort über Nacht abgestellt, weil der Bahnhof über eine stationäre 1.000-Volt-Stromversorgung verfügte. Die Überstellung zwischen Tegernsee und Holzkirchen erfolgte jeweils als Leerzug.

Während des Einsatzes der Wendezüge fanden Verhandlungen mit dem Hersteller IVT statt. Ziel war, alle „Integrale“ in Jenbach noch einmal nach neuen technischen und betrieblichen Vorgaben der BOB zu überarbeiten. Nach der Rückkehr der „Integral“-Züge konnte am 2. Januar 2002 das geplante Fahrplankonzept mit den Flügelzügen endlich uneingeschränkt aufgenommen werden. Allerdings musste ein Wendezug der DB für Verstärkerzüge im Einsatz bleiben. Neben Leistungen zwischen Lenggries und München fuhr er mittags als zusätzlicher Zug für den Schülerverkehr von Schliersee nach München.

Die Integral Verkehrstechnik AG (IVT) erwirtschaftete durch den missglückten Start ihres neu entwickelten Zuges Verluste und wurde kurze Zeit später komplett geschlossen. Die Jenbacher AG löste die Fahrzeugsparte der Gruppe danach auf. Für die BOB erwies sich diese Entwicklung als problematisch, weil eine Anschlussbestellung zu den 17 vorhandenen „Integral“-Triebzügen nicht mehr möglich war. Sie erwarb von der Jenbacher AG deshalb die Lizenzrechte am „Integral“ und übernahm alle Techniker und Ingenieure der IVT-Werke. Dazu wurde eine GmbH in Tirol gegründet, um das ehemalige Jenbacher IVT-Personal mit dem Know-how des „Integrals“ zugunsten der BOB zu erhalten. Dahinter stand die Hoffnung, gemeinsam mit einem Partner in der Fahrzeugindustrie weitere „Integrale“ bauen zu können. Später veräußerte die BOB-Muttergesellschaft Veolia diese Lizenz an Bombardier. Zu einem Weiterbau des „Integrals“ kam es nicht mehr.

Das Fahrplankonzept der BEG entwickelte sich aber zu einem großen Erfolg beim Publikum. Die Zahl der täglichen Fahrgäste stieg von etwa 4.500 im ersten Betriebsjahr auf etwa 13.000 im Jahr 2004. Um den zusätzlichen Verkehr bewältigen zu können, musste die BOB im Jahr 2004 drei Triebzüge der vierten Generation des Modells „Talent“ anmieten. „Integral“ und „Talent“ ließen sich allerdings untereinander nicht kuppeln, was die Dispositionsfreiheit beim Fahrzeugeinsatz erheblich einschränkte. Die „Talent“-Triebzüge wurden deshalb nur als sogenannte Zwischenzüge zur Taktverdichtung eingesetzt. Im Jahr 2010 erhielt die BOB mit dem VT 019 einen vierten „Talent“. Er war in der ersten Zeit vorübergehend mit rein hellgrauem Farbanstrich im Einsatz, wurde dann aber an die übrigen Fahrzeuge dieser Baureihe angepasst.

Zweiter Verkehrsvertrag

Da der erste Verkehrsvertrag Ende 2013 auslief, schrieb die BEG den Betrieb der Strecken im Oberland 2012 erneut für den Zeitraum bis 2024 aus. Die Verkehrsleistung sollte sich dabei von 1,5 Millionen auf 2,0 Millionen Zugkilometer erhöhen. Neben der Bayerischen Oberlandbahn (BOB) hatte sich ursprünglich auch DB Regio beworben. Das Unternehmen zog sich im Verlauf des Bieterverfahrens aber wieder zurück und nannte als Grund dafür, dass es das Risiko aus dem technischen Zustand der „Integrale" nicht abschätzen könne. Somit blieb allein die BOB als Bieter übrig. Durch den neuen Verkehrsvertrag und die mit dem Fahrplanwechsel im Dezember 2013 erhöhten Zugleistungen stieg auch der Bedarf an Fahrzeugen. Der Bestand der vier bereits vorhandenen „Talent"-Triebzüge der neuesten Generation ließ sich nicht aufstocken. Sie wurden infolgedessen alle wieder abgegeben. Als Ersatz kamen ins Oberland insgesamt neun bis dahin bei der Ostseeland Verkehr GmbH (OLA) in Mecklenburg-Vorpommern und Brandenburg eingesetzte, ältere Fahrzeuge der ersten Generation dieser Baureihe.

Anders als bei den zuvor vorhandenen jüngeren Triebzügen gab es in der ersten Zeit erhebliche Probleme beim Kuppeln. Der Einsatz erfolgte wiederum bei Zwischenzügen zur Taktverdichtung. Erstmals entstand im nachfragestarken morgendlichen Berufsverkehr die Situation, dass die Zugteile aus Bayrischzell und Tegernsee/Lenggries aufgrund ihrer Länge (drei „Talent"-Züge aus Tegernsee/Lenggries, zwei „Talent"-Züge aus Bayrischzell) in Holzkirchen nicht wie in allen anderen Fällen zusammengekuppelt werden konnten, sondern im Blockabstand getrennt nach München weiterfahren mussten.

Im Jahr 2015 – die Veolia Verkehr GmbH wurde gerade in Transdev GmbH (mit der sie schon 2009 fusioniert war) umbenannt – fuhren rund 5 Millionen Menschen pro Jahr mit der Bayerischen Oberlandbahn. Die Freude über den großen Erfolg der BOB war in den Folgejahren nicht ungetrübt. Auf den Strecken nach Tegernsee und Lenggries führte der Ausflugsverkehr an bestimmten Tagen im Sommer zu chaotischen Zuständen. Um den Ansturm an Wochenenden besser bewältigen zu können, mussten die Angebote von und nach Tegernsee/Lenggries an Samstagen, Sonn- und Feiertagen weiter aufgestockt werden.

Bei den starken Schneefällen im Januar 2019 sah sich die Oberlandbahn gezwungen, ihren Betrieb knapp zwei Wochen vollständig einzustellen, weil umgestürzte Bäume und starker Nass-Schnee die Strecken unbefahrbar gemacht hatten. Lediglich bei der Tegernsee Bahn fuhren noch Züge. In den inzwischen selten gewordenen Wintern mit besonders starken und anhaltenden Schneefällen erfolgen Schneeräumfahrten, für die in Holzkirchen ein Schneepflug der DB Netz bereitgehalten wird. Bespannt wurde dieser in der Vergangenheit in der Regel mit einer der beiden Dieselloks der BOB, der V 125 (ex 211 273) oder der V 126 (ex 212 089). Im Jahr 2018 verkaufte das Unternehmen die V 126, sodass heute nur noch die V 125 zur Verfügung steht.

Im Sommer 2018 entschied die BOB in Abstimmung mit der BEG, von 2020 an die Bestandsflotte aus neun „Talent"- und 17 „Integral"-Triebwagen auf eigene Kosten durch 25 neue „LINT 54" des Herstellers Alstom zu ersetzen. Durch einen einzigen Fahrzeugtyp sollten alle

Einheiten miteinander kuppelbar und untereinander austauschbar sein und dadurch ein deutlich effizienterer Fahrzeugeinsatz möglich werden. Im Dezember 2020 kamen sechs zusätzliche, vom Freistaat finanzierte Züge hinzu, die es ermöglichen, die Betriebsstabilität zu erhöhen sowie zusätzliche Kapazitäten und weitere Verbindungen bereitzustellen. Insbesondere wurden dadurch in München Hbf überschlagene Wenden machbar. Die bis dahin knappen Wendezeiten zwischen 6 und 11 Minuten galten als eine der häufigsten Ursachen für Verspätungen. Ein Wenden dieser Züge auf die rund 20 Minuten später abfahrenden Zwischenzüge war wegen der Inkompatibilität von „Integral" und „Talent" nicht möglich. Im Sommer 2020 wurden zunächst zum „kleinen" Fahrplanwechsel im Juni die „Talent"-Züge und am 26. Juli die „Integrale" durch „LINT 54" ersetzt. Seit dieser Zeit tritt das Unternehmen nicht mehr als BOB, sondern als Bayerische Regiobahn Oberland (BRB) auf. Um das Personal zu schulen, waren Anfang des Jahres 2020 bereits regelmäßig „LINT 54" des Schwesterunternehmens Bayerische Regiobahn (BRB) bei der BOB zu Gast.

Besondere Betriebssituationen, die zum Einsatz fremder Fahrzeuge führen, sind im Oberland inzwischen selten. Einige Zeit fanden zwischen Holzkirchen und Tegernsee noch historische Dampfzugfahrten des Bayerischen Localbahn Vereins mit der 70 083 statt, die wegen der hohen Anhängelasten häufig Unterstützung von der 212 249 „Clärchen" des Eisenbahnverkehrsunternehmens „Lokomotion" erhielt. Die Diesellok lief in „Sandwich"-Form am anderen Zugende. Durch sie konnte auch das betrieblich schwierige Umsetzen im Bahnhof Schaftlach vermieden werden. Wegen eines Kesselschadens ist die 70 083 schon länger nicht im Einsatz.

Inzwischen lassen sich die Dampfsonderzüge wegen der Taktverdichtung des Regelverkehrs an Wochenenden nicht mehr im gleichen Umfang wie früher durchführen. Gelegentlich befuhr auch der Triebwagen TAG 27 der Tegernsee Bahn die Strecke zwischen Schaftlach und Holzkirchen.

Im Jahr 2018 wurden die Bahnlinien im Oberland nach dem Konzept der Bayerischen Staatsregierung für mehr Elektromobilität auf der Schiene in Bayern zur Elektrifizierung vorgeschlagen. Die Planungen dafür laufen derzeit, eine Realisierung dürfte aber frühestens Anfang der 2030er-Jahre möglich sein. Bis dahin sollen die „LINT 54" der BRB im Oberland im Einsatz bleiben.

Die Strecke zwischen Holzkirchen und Bad Tölz ist heute der Streckenklasse D4 zugeordnet und darf damit von Fahrzeugen mit einer Radsatzlast von 22,5 Tonnen befahren werden. Der Abschnitt von Bad Tölz nach Lenggries unterliegt den Regeln für die Streckenklasse CE mit 20,0 Tonnen Radsatzlast für sechsachsige Wagen (nationale Erweiterung der Streckenklasse C4 in Deutschland).

Bereits im Herbst 1998 zeichnete sich ab, dass nur rund die Hälfte der „Integrale" zum geplanten Starttermin am 29. November 1998 einsatzbereit sein würde. Die Bayerische Oberlandbahn GmbH musste deshalb Fahrzeuge anderer Eisenbahnverkehrsunternehmen anmieten. Zeitweise waren deshalb auch „Regioshuttle" der WEG im Einsatz. Das Foto zeigt eine solche Garnitur im Bahnhof Lenggries.

Nach der Rückkehr der „Integral"-Züge konnte am 2. Januar 2002 das geplante Fahrplankonzept mit den Flügelzügen endlich uneingeschränkt aufgenommen werden. Allerdings musste ein Wendezug der DB für Verstärkerzüge im Einsatz bleiben. Das Foto zeigt ihn bei perfektem Winterwetter im Bw Lenggries.

◂ Für den Ersatzverkehr während der Überholung der „Integral"-Züge im Herstellerwerk in Jenbach war zeitweise auch der Einsatz von NoHAB-Loks erwogen worden. Wegen technischer Probleme kam es letztlich nicht dazu. Hier sind drei der Loks neben einem „Integral" in Lenggries zu sehen.

Die „Talent"-Triebzüge wurden als sogenannte Zwischenzüge zur Taktverdichtung eingesetzt. Einer von ihnen ist am 28. Dezember 2015 zwischen Reichersbeuern und Bad Tölz unterwegs.

Viele Jahre fanden zwischen Holzkirchen und Tegernsee historische Dampfzugfahrten des Bayerischen Localbahn Vereins statt. Zum Einsatz kam unter anderem die 70 083, die wegen der hohen Anhängelasten häufig Unterstützung von der 212 249 „Clärchen" des Eisenbahnverkehrsunternehmens „Lokomotion" erhielt. Die Diesellok lief in „Sandwich"-Form am anderen Zugende. Dadurch entfiel auch das betrieblich schwierige Umsetzen der Lok im Bahnhof Schaftlach. Am 6. Januar 2018 ist der Zug zwischen Holzkirchen und Warngau unterwegs.

◄ In Holzkirchen werden die Zugteile zwischen München und Bayrischzell bzw. München und Tegernsee/ Lenggries geteilt und vereinigt. Das Foto zeigt zwei „Integrale" am 15. März 2015 bei der Einfahrt in Holzkirchen.

Im Sommer 2020 wurden zum „kleinen“ Fahrplanwechsel im Juni zunächst die „Talent“-Züge und am 26. Juli schließlich die „Integrale“ durch „LINT 54“ ersetzt. Am 18. Dezember 2022 verlässt eines dieser Fahrzeuge den winterlichen Bahnhof Bad Tölz in Richtung Lenggries (oben). Das Foto unten gewährt einen Blick in den Führerstand des „LINT 54“.

Der Bahnhof Holzkirchen

Schon bei der Inbetriebnahme der Maximiliansbahn war Holzkirchen der größte und damit wichtigste Bahnhof auf dem Abschnitt zwischen München und Rosenheim. Über ihn lief geraume Zeit der Personenfernverkehr Richtung Österreich. Für hohes Güterverkehrsaufkommen sorgte das Bergwerk in Miesbach. Bis zur Eröffnung der Strecke nach Miesbach im Jahr 1861 wurde die dort geförderte Kohle auf der Straße nach Holzkirchen transportiert und hier auf die Schiene verladen. Mit der Inbetriebnahme der Strecke von München nach Rosenheim über Grafing ging ab 1871 zwar der internationale und überregionale Verkehr weitgehend verloren, durch die neu entstandenen Strecken nach Miesbach und Tölz gewann Holzkirchen aber zunehmend an Bedeutung als Knotenpunkt mit Zugbildungsfunktion. Um diesen Aufgaben besser gerecht zu werden, erfolgten Ende des 19. Jahrhunderts größere Umbauten. Der Bahnhof verfügte fortan über fünf Hauptgleise mit Bahnsteigen, vier weitere für den Güterverkehr, etliche Lade- und Abstellgleise, eine Zwölf-Meter-Drehscheibe und Remisen für die Fahrzeuge. Der Inbetriebnahme des zweiten Streckengleises von Deisenhofen nach Holzkirchen im Jahr 1900 folgte die Einrichtung eines mechanischen Stellwerks. Dem im Empfangsgebäude untergebrachten Befehlsstellwerk waren zwei Wärterstellwerke an den beiden Bahnhofsköpfen zugeordnet. Mit dem zunehmenden Verkehrsaufkommen einher ging zu jener Zeit auch die Notwendigkeit, Übernachtungsmöglichkeiten für das Personal zu schaffen. Neben einer Reihe von Anpassungen wurde in den 1930er-Jahren die Drehscheibe auf 20 Meter Durchmesser vergrößert.

Wesentlichere Veränderungen ergaben sich dann erst wieder Ende der 1960er-Jahre, als die Verkehrsinfrastruktur im Großraum München im Hinblick auf die Olympischen Sommerspiele 1972 ertüchtigt wurde. Am 1. September 1968 nahm die Deutsche Bundesbahn deshalb den elektrischen Betrieb zwischen München und Holzkirchen auf. Fast genau ein Jahr später folgte die Inbetriebnahme eines Spurplanstellwerks der Bauart Sp Dr L 60. Um während der Olympischen Spiele Güterzüge über Holzkirchen umleiten zu können, führte auch an der Elektrifizierung der Mangfalltalbahn kein Weg vorbei. Sie fand am 11. Mai 1971 ihren Abschluss.

Weil bei Inbetriebnahme des S-Bahn-Netzes im Jahr 1972 Fahrzeugmangel bei den Triebzügen der Baureihe ET 420 herrschte, konnte die damalige S 2 von Petershausen nicht wie ursprünglich geplant nach Holzkirchen geführt werden, sondern musste zunächst in Deisenhofen enden. Ersatzweise fuhren zwischen Holzkirchen und München Hbf unter der Linienbezeichnung S 22 vorübergehend lokbespannte Wendezüge über München-Solln. Erst im Jahr 1975 erfolgte die Durchbindung der S 2 mit den Triebzügen ET 420 bis Holzkirchen. Für den S-Bahn-Verkehr stehen dort die Gleise 2 und 3 zur Verfügung, deren Bahnsteig auf 96 Zentimeter erhöht wurde.

Das Zusammentreffen der Strecken aus München, Rosenheim, Bayrischzell und Lenggries/Tegernsee brachte Holzkirchen die Funktion einer wichtigen Verkehrsdrehscheibe ein. Hier enden Züge der Mangfalltalbahn und die S-Bahnen. Viele Fahrgäste nutzen Holzkirchen deshalb als Umsteigebahnhof. Zusätzlich ließ das stetige Wachstum der Einwohnerzahl infolge der Ansiedlung großer Industrieunternehmen und der Ausweisung neuer Wohngebiete das Verkehrsaufkommen steigen.

Einige Zeit fuhren einzelne DB-Nahverkehrszüge von Holzkirchen über Rosenheim hinaus nach Kufstein oder Traunstein.

In den 1980er-Jahren verkehrte zeitweise ein D-Zug nach Zell am See bzw. von Bischofshofen mit planmäßigem Halt im Kurort Bad Aibling regulär über die Mangfalltalbahn. Holzkirchen durchfuhr der Zug ohne Verkehrshalt.

Im Güterverkehr spielte die Mangfalltalbahn viele Jahre eine wichtige Rolle zur Entlastung der Strecke über Grafing. Mit deren abschnittsweisen viergleisigen Ausbau und durch die Inbetriebnahme des Rangierbahnhofs München Nord hat sich das inzwischen wieder geändert. Im Jahr 2022 durchquerten nachts planmäßig nur noch zwei Güterzüge Holzkirchen. Eine wichtige Aufgabe erfüllt die Mangfalltalbahn aber nach wie vor im Umleitungsverkehr. Wenn die Strecke München–Rosenheim via Grafing aufgrund von Bauarbeiten gesperrt ist oder nur eingeschränkt zur Verfügung steht, wird die Route über Holzkirchen bis zur Kapazitätsgrenze genutzt. Neben Güterzügen fahren dann auch Fernzüge nach Italien, Österreich, Ungarn und nach Südosteuropa über diese Strecke. Im größeren Umfang geschah das beispielsweise für mehrere Wochen im Sommer 2018. Über die Mangfalltalbahn rollten in dieser Zeit zahlreiche Eurocity- und Nachtzüge nach Österreich und Italien sowie die Railjet-Züge nach Wien und Budapest. Die längeren Fahrzeiten und der entfallende Halt in München Ost fanden Berücksichtigung in Sonderfahrplänen. Zeitweise musste sogar Schienenersatzverkehr für Regionalzüge eingerichtet werden, um entsprechende Trassen für den Umleitungsverkehr verfügbar zu machen.

Früher bescherte der Güterverkehr dem Bahnhof Holzkirchen auch Aufgaben im Rangierdienst. Davon zeugen noch die Gleispläne vergangener Jahrzehnte. Mit dem Rückgang des Güterverkehrsaufkommens und der Einstellung des Stückgut- und Wagenladungsverkehrs wurden die Gleisanlagen aber auch in Holzkirchen stark zurückgebaut. Neben den fünf Bahnsteiggleisen sind heute nur noch zwei weitere Durchgangs- und insgesamt fünf Stichgleise geblieben. Sie dienen dem Abstellen des Schneepflugs sowie der S-Bahn- und der Meridian-Züge. Zwei Abstellgleise (Gleis 16 und 17) werden inzwischen ausschließlich von der BRB Netz Oberland für deren Triebfahrzeuge genutzt. Lediglich drei der Durchgangsgleise (eines davon ist das von den Meridian-Zügen genutzte Bahnsteiggleis 5) ermöglichen eine Fahrt in die eingleisige Mangfalltalbahn. Das hat zur Folge, dass Meridian-Züge nicht in Holzkirchen kreuzen können.

Eine grundlegende Erneuerung der Gleisanlagen erfolgte im Bahnhof Holzkirchen im Jahr 2021. Weil der Austausch von Weichen nicht wie vorgesehen ablief und sich verzögerte, gab es massive Einschränkungen im Betrieb. Zeitgleich dazu erhielten die Bahnhöfe Schliersee und Bayrischzell elektronische Stellwerke. Sie werden momentan von einem Fahrdienstleiter im fernen Weilheim bedient. Es gibt aber Überlegungen, diese Aufgabe mittelfristig in das Stellwerksgebäude nach Holzkirchen zu verlegen, das schon jetzt rund um die Uhr besetzt ist.

Am 18. Januar 1970 hat die 050 497 mit einem Sonderzug nach Tegernsee einen kurzen Aufenthalt in Holzkirchen, bevor sie nach Schaftlach weiterfährt.

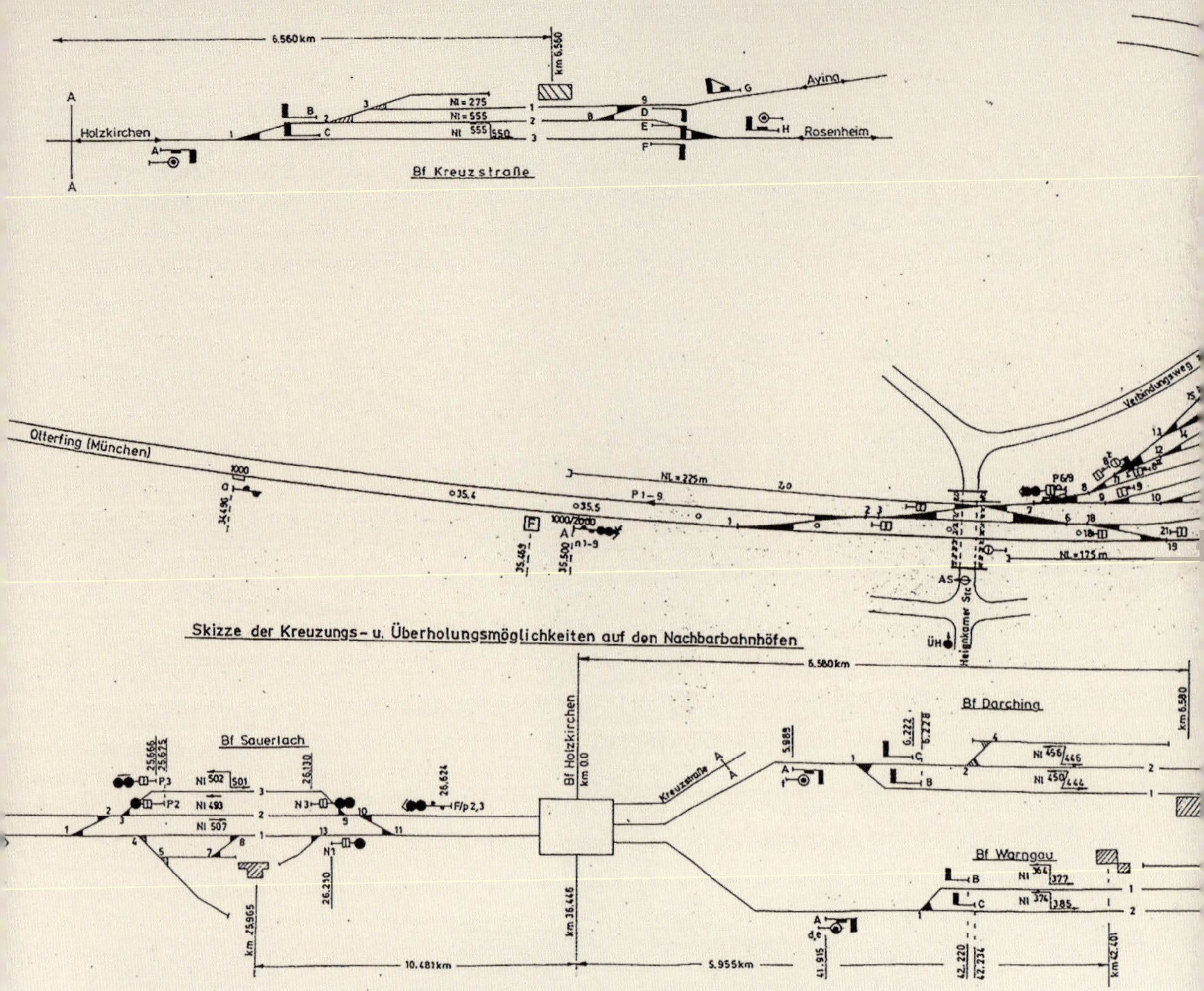

Ein S-Bahn-Zug der Baureihe ET 420 als S 2 von/nach Petershausen bei der Einfahrt in Holzkirchen am 27. Dezember 1979.

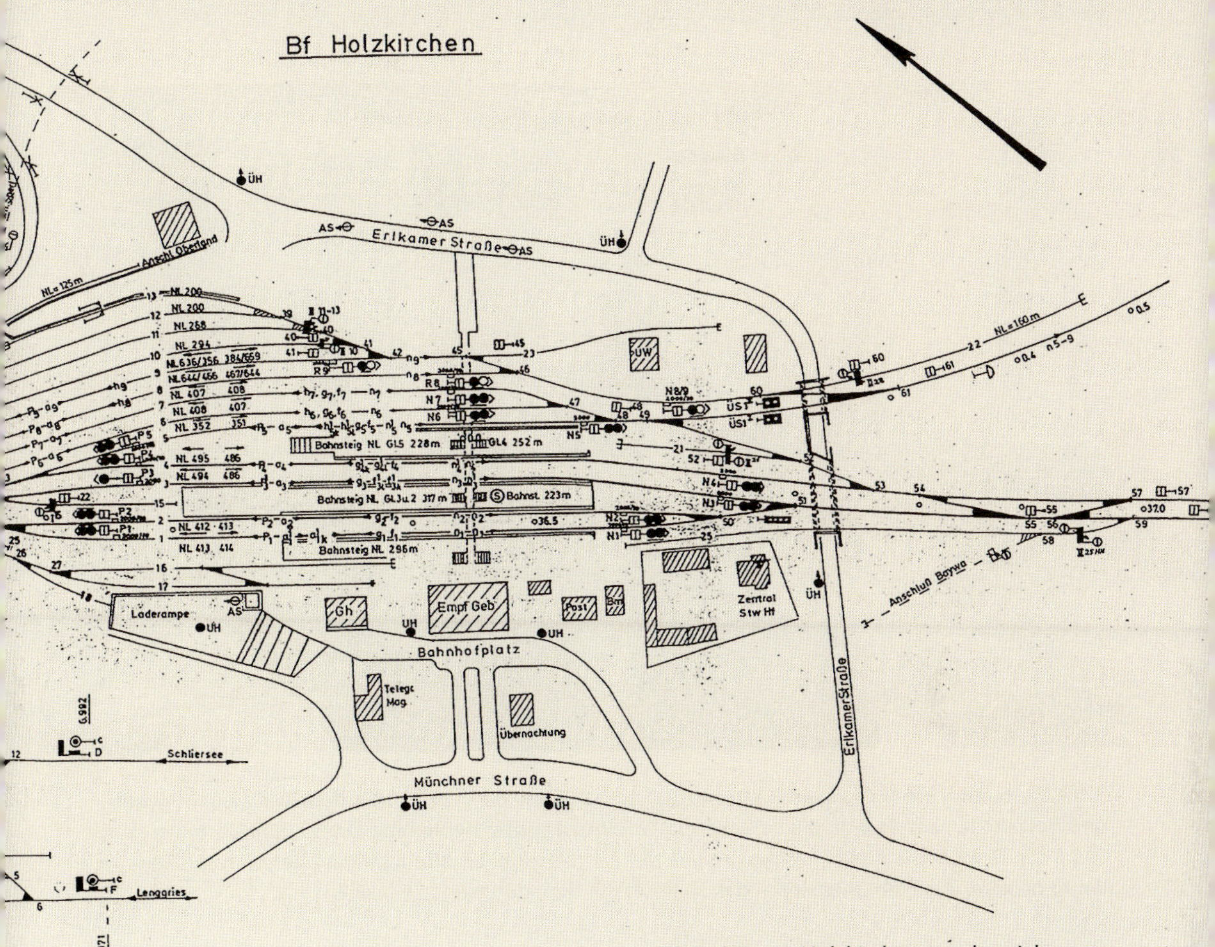

Gleisplan von Holzkirchen aus dem Jahr 1975.

Mit den Aufgaben im Güterverkehr waren im Bayerischen Oberland viele Jahrzehnte die Diesellokomotiven der Baureihen 211 und 212 betraut. Das Foto zeigt die 211 346 am 27. Dezember 1979 in Holzkirchen.

Am 1. September 1968 nahm die Deutsche Bundesbahn den elektrischen Betrieb zwischen München und Holzkirchen auf. Fast genau ein Jahr später folgte die Inbetriebnahme eines Spurplanstellwerk der Bauart Sp Dr L 60. Der Stellwerksbau, in dem der Fahrdienstleiter (oben) tätig ist, liegt am südlichen Bahnhofskopf. Das Foto unten zeigt das Stellpult mit dem derzeitigen Gleisbild.

Das Zusammentreffen der Strecken aus München, Rosenheim, Bayrischzell und Lenggries/Tegernsee brachte Holzkirchen die Funktion einer wichtigen Verkehrsdrehscheibe ein. Hier enden Züge der Mangfalltalbahn und die S-Bahnen. Das Foto oben zeigt den südlichen Bahnhofskopf mit einem „LINT 54" ins Oberland. Auf der Abbildung unten ist ein Meridian-Zug am 19. Mai 2022 bei der Ausfahrt Richtung Rosenheim zu sehen.

Im Sommer 2018 wurden infolge von Bauarbeiten zwischen Grafing und Rosenheim zahlreiche Fernzüge über Holzkirchen und die Mangfalltalbahn umgeleitet. Davon betroffen war auch der Railjet RJ 111 „Hohe Tauern" von München nach Klagenfurt. Das Foto zeigt ihn bei der Durchfahrt durch Gleis 5 des Bahnhofs Holzkirchen.

Im Jahr 2005 erwarb die BOB die Diesellok V 125 (ex DB 211 273), die bis heute für Schneeräumfahrten vorgehalten wird. Am 14. September 2017 steht sie auf dem Abstellgleis der BOB im Bahnhof Holzkirchen.

Der Bahnhof Schaftlach

Der Bahnhof Schaftlach erhielt mit drei Durchgangs- und mehreren Lade- und Abstellgleisen bereits zur Eröffnung der Strecke im Jahr 1874 großzügig dimensionierte Gleisanlagen. Der Gleisplan aus dem Jahr 1877 weist mehrere Ladegleise mit Kopf- und Seitenrampe, zwei Gleiswaagen, eine Ladehalle und eine Drehscheibe aus. Im Nordosten des Bahnhofs befand sich ein größerer Holzlagerplatz, der über einen Gleisanschluss verfügte. Die Bedienung der Weichen erfolge durch Wechselwärter an den Einfahrbereichen.

Der Anschluss der Tegernsee Bahn an der Nordostseite des Bahnhofs konnte 1883 problemlos erfolgen. Die Mitbenutzung der Infrastruktur in Schaftlach hatten die Königlich Bayerischen Staatseisenbahnen und die Eisenbahn-Actiengesellschaft Schaftlach–Gmund (EAG) vertraglich geregelt. Im Jahr 1891 entstand noch eine rund vier Kilometer lange Anschlussbahn zum Kohlebergwerk in Marienstein, die etwa eineinhalb Kilometer südlich des Bahnhofs Schaftlach von der Strecke nach Bad Tölz abzweigte. Sie brachte zusätzliches Güterverkehrsaufkommen, höheren Aufwand bei der Zugbildung und damit zusätzliche Rangiertätigkeit. Um diesen Aufgaben besser gerecht werden zu können, erhielt der Bahnhof 1893 zwei zusätzliche Durchgangsgleise. Ferner wurde in Schaftlach im Jahr 1904 ein mechanisches Stellwerk der Bauart Krauss eingerichtet, das bis zum 25. Oktober 1977 in Betrieb war. Der Fahrdienstleiter befand sich im Empfangsgebäude, die beiden Wärterstellwerke an den Bahnhofsköpfen.

Wie schon an anderer Stelle beschrieben, müssen Züge und Wagengruppen von und nach Tegernsee in Schaftlach die Fahrtrichtung wechseln. In den Jahren 1942/43 gab es deshalb Bestrebungen, die Tegernseer Züge unter Umgehung des Schaftlacher Bahnhofs über eine Schleife direkt auf die Strecke nach Holzkirchen zu leiten. Die Realisierung war schon weit fortgeschritten, scheiterte dann aber nach dem Krieg an Einsprüchen eines Grundstückseigentümers in Zusammenhang mit der Auflassung eines Bahnübergangs. Die Tegernsee Bahn hatte die erforderliche Weiche bereits eingebaut und das Gleis bis zur Einmündung Richtung Warngau verlegt. Der Ausbau erfolgte erst im Jahr 1970.

Nach der Stilllegung des Kohlebergwerks Marienstein wurde 1965 auch die Anschlussbahn aufgegeben. Die Anbindung an die Strecke nach Schaftlach blieb allerdings noch länger erhalten und wurde 1977 in einen Gleisanschluss für den Einzelwagenladungsverkehr des Eisenwerks Theodor Loos umgewandelt.

Wesentliche Änderungen brachten die 1970er-Jahre bei der Signal- und Sicherungstechnik. Zunächst wurden die alten bayerischen Formsignale durch solche der DB-Bauform ersetzt. Im Juni 1975 ereignete sich dann das folgenschwere Zugunglück, das auf einen Verständigungsfehler zwischen den Fahrdienstleitern in Warngau und Schaftlach zurückzuführen war. Der Frontalzusammenstoß zweier Züge hätte nicht passieren können, wenn damals schon ein automatischer Streckenblock vorhanden gewesen wäre. Die Deutsche Bundesbahn rüstete die Strecke nach dem Unfall deshalb sicherungstechnisch nach und installierte im Oktober 1977 ein neues Spurplanstellwerk der Bauart Sp Dr L 60, das im Empfangsgebäude Platz fand und sich bis heute in Betrieb befindet. Warngau wurde in eine unbesetzte Haltestelle umgewandelt und zwischen Schaftlach und Holzkirchen ein automatischer Streckenblock eingerichtet.

An dieser Stelle sei ein kurzer Exkurs zum Verfahren für die Trennung und Vereinigung der Züge in Schaftlach gestattet. Die Tegernseer Wagengruppe lief ab München stets am Zugschluss, weil sie den Bahnhof Schaftlach in entgegengesetzter Richtung verlassen musste. Meist wartete die TAG-Lok im Gleis nach Tegernsee, um sich unmittelbar nach Ankunft an den Schluss des eingefahrenen Zuges zu setzen. Nach dem Ankuppeln der Lok und Trennung des Zuges konnten beide Teile ihre Fahrt nach nur wenigen Minuten fortsetzen. Etwas aufwändiger verliefen die Rangiermanöver bei den Zügen nach München. Die TAG-Lok musste die aus Tegernsee angekommenen Wagen nach kurzem Halt aus dem Bahnhof Schaftlach in Richtung Reichersbeuern ziehen und dann an den Schluss des wartenden Zugteils aus Lenggries schieben. Der damit aus sechs Wagen bestehende Zug fuhr mit der aus Lenggries angekommenen DB-Lok über Holzkirchen weiter nach München Hbf. Diese Form der Betriebsabwicklung blieb bis zur Übernahme des Betriebs durch die BOB und den damit einhergehenden Einsatz von Triebzügen bestehen.

Wie an vielen Stellen im Bayerischen Oberland erfolgte in den 1980er-Jahren auch in Schaftlach ein erheblicher Rückbau der Gleisanlagen. Dabei entfernte die DB unter anderem das Ausziehgleis Richtung Bad Tölz und mehrere Ladegleise. Davon betroffen waren auch die Verlängerungen der Gleise 4 Nord und 5 Süd.

Am 26. September 1989 führte die Deutsche Bundesbahn zwischen Schaftlach und Lenggries den Signalisierten Zugleitbetrieb (SZB) ein. An den Bahnhöfen Bad Tölz und Lenggries konnte damit Personal eingespart werden. Im Bereich der Deutschen Bahn findet eine Vielzahl unterschiedlicher Formen des Zugleitbetriebes Anwendung. Sie alle dienen dazu, die Steuerung des Betriebs zu vereinfachen. Eine zentrale Rolle spielt dabei der für eine bestimmte Strecke zuständige Zugleiter. Die zwischen Schaftlach und Lenggries praktizierte Form wurde in den 1980er-Jahren bei der Bundesbahndirektion München in Kooperation mit der Firma Scheidt & Bachmann entwickelt. Bei ihr handelt es sich um eine technisch unterstützte Form. So gibt es einen automatischen Streckenblock und Signale mit punktförmiger Zugbeeinflussung (PZB 90). Die Freimeldung eines Gleisabschnitts und damit auch die Steuerung des Streckenblocks erfolgen durch einen zwischen den Schienen angebrachten Empfänger. An den Fahrzeugen am Zugschluss müssen dazu entsprechende Sender eingehängt werden, die am Bahnhof Schaftlach bereitgehalten werden. Bei den Triebzügen der Bayerischen Oberlandbahn/BRB sind diese Sender bereits in die Fahrzeuge eingebaut. Die Funktion des Zugleiters nimmt der Fahrdienstleiter in Schaftlach wahr. Nachdem er dem Triebfahrzeugführer die Fahrerlaubnis erteilt hat, kann dieser über eine Infrarot-Fernbedienung oder einen Schlüsselschalter die Ausfahrtstraße anfordern. In Zusammenhang mit dem Signalisierten Zugleitbetrieb stattete die DB die Bahnhöfe Bad Tölz und Lenggries mit Rückfall- bzw. ferngesteuerten Weichen und Lichtsignalen aus.

Am 27. Mai 1990 wurde der Wagenladungstarifpunkt in Schaftlach aufgegeben. Gleis 5 diente längere Zeit der Abstellung von historischen Wagen des Bayerischen Localbahn Vereins (BLV). Ende des Jahrzehnts erforderte die Übernahme des Verkehrs durch die Bayerische Oberlandbahn neuerliche Umbauten in Schaftlach. Um die zeitversetzte Einfahrt der Züge aus den Richtungen Tegernsee und Lenggries zu deren anschließender Vereinigung zu ermöglichen, nahm DB Netz am 22. Oktober 1999 an Gleis 2 ein Zugdeckungssignal in Betrieb. Außerdem erhöhte man die Bahnsteige von Gleis 1 und zwischen Gleis 1 und 2 auf 76 Zentimeter. Darüber hinaus gibt es seither nur noch das Gleis 3, dessen alter niedriger Bahnsteig zwar noch erhalten ist, aber über keinen Zugang verfügt und infolgedessen nicht mehr für Reisezügen genutzt werden darf.

In Zusammenhang mit der Verdichtung des Taktverkehrs ist das Stellwerk Schaftlach inzwischen zeitweise mit zwei Fahrdienstleitern besetzt.

Rund eineinhalb Kilometer südlich des Bahnhofs Schaftlach lag bei Kilometer 48.8 neben der Strecke nach Bad Tölz der dreigleisige Übergabebahnhof für die Anschlussbahn nach Marienstein. Dort entstand 1933/34 dieses Foto der Lok „Marienstein 1". Sie war unter der Fabrik-Nr. 2338 am 30. November 1891 von der Lokomotivfabrik Krauss an die Firma Portland Zement Marienstein ausgeliefert worden und verfügte über eine Leistung von 110 PS.

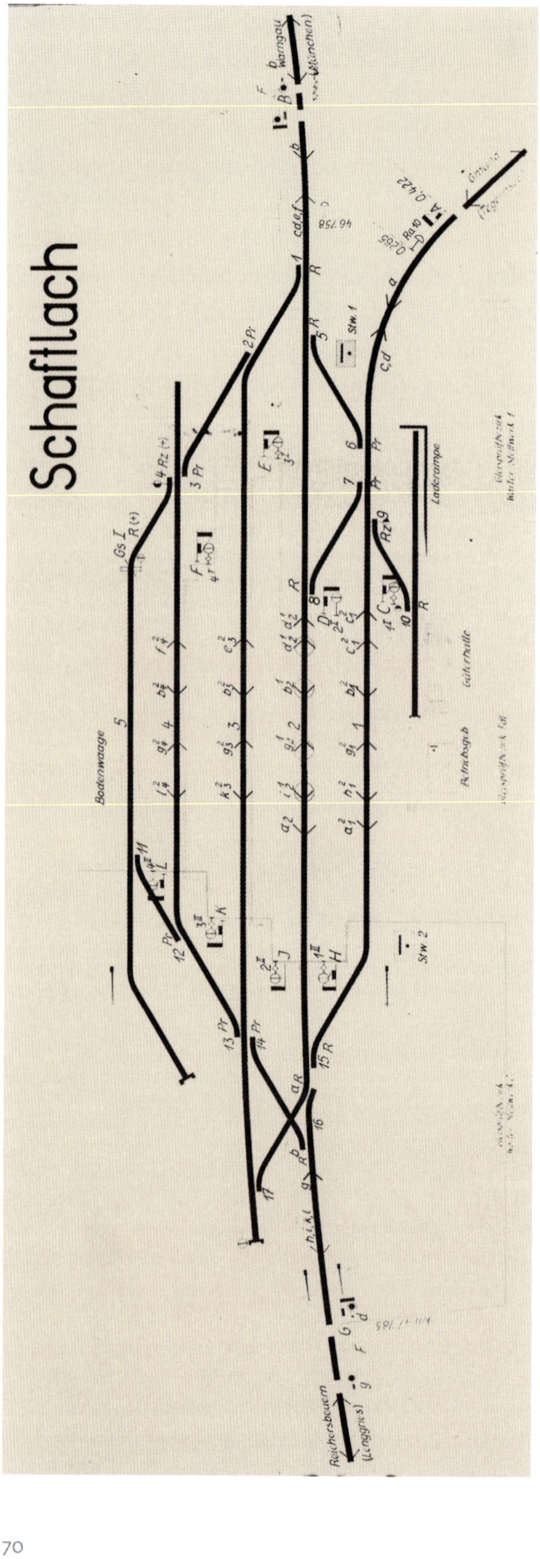

Gleisplan aus den 1960er-Jahren.

Der P 2624 bei der Ausfahrt aus dem Bahnhof Schaftlach in den 1960er-Jahren. Im Vordergrund zu sehen sind das Wärterwohnhaus und das Stellwerk 1, hinter denen die TAG-Strecke nach Tegernsee verläuft. ▲

Im Jahr 1977 wurden auch am südwestlichen Bahnhofskopf von Schaftlach die Formsignale durch Lichtsignale ersetzt.

Bereits im Jahr 1904 wurde in Schaftlach ein mechanisches Stellwerk der Bauart Krauss eingerichtet, das bis zum 25. Oktober 1977 in Betrieb war. Die Befehlsstelle mit dem Fahrdienstleiter befand sich im Empfangsgebäude (Foto oben im Jahr 1973). Eines der Wärterstellwerke (Stellwerk 1) befand sich zwischen den Gleisen nach Warngau und Gmund (unten).

Im Jahr 1963 erfolgten in Schaftlach verschiedene Umbau- und Gleisarbeiten. Das Bild oben zeigt den nördlichen Bahnhofskopf und rechts die Güterhalle. Auf dem Foto unten ist das Weichenfeld Richtung Bad Tölz mit dem Stellwerk 2 im Hintergrund zu sehen.

Auf diesem Foto aus dem Jahr 1977 hat die TAG 12 der Tegernsee Bahn gerade vier Wagen aus Tegernsee nach Schaftlach gebracht und rangiert sie an den Schluss des aus Lenggries gekommenen Zuges nach München. Das charakteristische Stellwerk 2 auf der rechten Seite wurde inzwischen abgerissen.

Die Tegernseer Wagengruppe lief ab München stets am Zugschluss, weil sie den Bahnhof Schaftlach in entgegengesetzter Richtung verlassen musste. Meist wartete die TAG-Lok im Gleis nach Tegernsee, um sich unmittelbar nach Ankunft an den Schluss des eingefahrenen Zuges zu setzen. Nach der Trennung des Zuges konnte der Lenggrieser Teil (auf dem Foto mit der 218 403) seine Fahrt nach nur wenigen Minuten fortsetzen.

Die TAG-Lok musste die aus Tegernsee angekommenen Wagen nach kurzem Halt in Richtung Reichersbeuern aus dem Bahnhof Schaftlach ziehen und auf den Zugschluss des wartenden Zugteils aus Lenggries schieben. Nach dem Ankuppeln fuhr der dann in der Regel aus sechs Wagen bestehende Zug mit der aus Lenggries angekommenen DB-Lok über Holzkirchen weiter nach München Hbf. Auf dem Foto sieht man, wie die TAG 14 in den 1980er-Jahren in Schaftlach die Wagengruppe aus Tegernsee an den Schluss des Zuges von Lenggries nach München schiebt.

Aus Anlass der Jubiläumsfeierlichkeiten zum 150-jährigen Bestehen der Lokomotivfabrik Krauss-Maffei kam am 2. Oktober 1988 die V 80 002 auf der Tegernsee Bahn zum Einsatz. Auf dem Foto wartet sie in Schaftlach auf den nächsten Zug. (oben). Regelmäßig zu Gast in Schaftlach waren auch die auf der Tegernsee Bahn verkehrenden Dampfsonderzüge des Bayerischen Localbahn Vereins. Ein solcher steht am 5. März 1995 neben dem 628 558 und der 218 382 (unten).

Nach dem schweren Eisenbahnunglück bei Warngau wurde die Strecke sicherungstechnisch ertüchtigt. In diesem Zusammenhang erhielt der Bahnhof Schaftlach im Oktober 1977 ein Spurplanstellwerk der Bauart Sp Dr L 60, das im Empfangsgebäude Platz fand und sich bis heute in Betrieb befindet. Von hier aus wird auch der Signalisierte Zugleitbetrieb nach Lenggries gesteuert und überwacht. Wegen der Taktverdichtung ist das Stellwerk seit einigen Jahren in der Hauptverkehrszeit mit einem zweiten Fahrdienstleiter besetzt.

Im Bahnhof Schaftlach liegen die für den Signalisierten Zugleitbetrieb erforderlichen Zugschlusssender bereit, die in Ausführungen für unterschiedliche Fahrzeuge vorhanden sind. Bei den Triebzügen der BRB sind diese Sender in den Fahrzeugen fest verbaut. ►

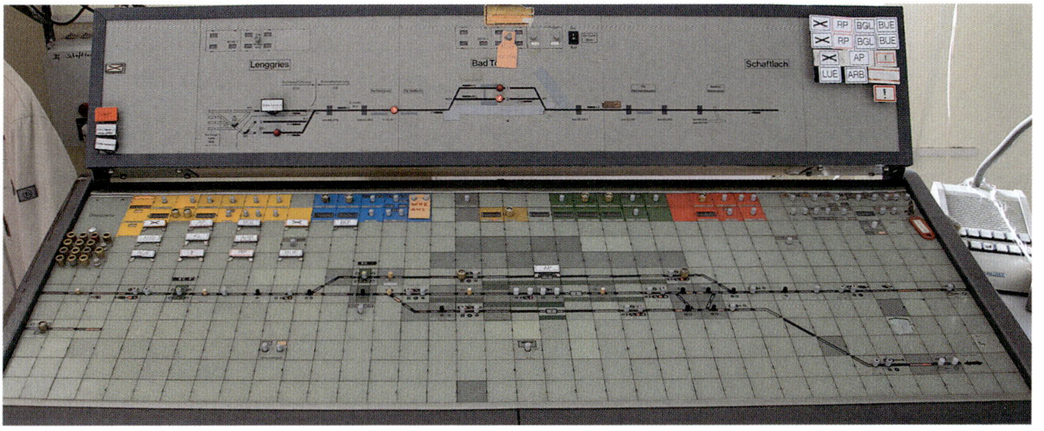

Mit diesem Stelltisch des Spurplanstellwerks der Bauart Sp Dr L 60 werden die Weichen und Signale im Bahnhof Schaftlach bedient. Die Strecke nach Lenggries wird mit dem darüber angeordneten Gerät nur überwacht. Die Signale und Weichen im Bahnhof Bad Tölz werden im Rahmen des Signalisierten Zugleitbetriebs im Richtungsbetrieb automatisiert gestellt.

Von den heute noch vorhandenen drei Durchgangsgleisen in Schaftlach sind nur zwei mit den für den Personenverkehr nutzbaren Bahnsteigen ausgestattet. Am 28. Dezember 2015 verlässt ein „Integral" den Bahnhof von Gleis 2 Richtung München.

Die Züge nach Lenggries und Tegernsee halten heute in der Regel am Hausbahnsteig auf Gleis 1.

Die Bahnhöfe in Bad Tölz

Zum Zeitpunkt des Baus der Bahnlinie von Holzkirchen nach Tölz bestand noch Ungewissheit darüber, ob und vor allem wohin die Strecke irgendwann verlängert werden könnte. Infolgedessen spielten diese Überlegungen bei der Wahl des Standorts für den Kopfbahnhof keine entscheidende Rolle. Auf Betreiben der Marktgemeinde entschied man sich für eine Fläche nordöstlich des Ortszentrums. Um sie zu erreichen, mussten die aus Reichersbeuern kommenden Gleise am Ortsrand von Tölz über eine weite Rechtskurve in nordwestliche Richtung geführt werden.

Der Bahnhof erhielt fünf Gleise, die auf beiden Seiten über Weichen verbunden waren, sowie je zwei Abstell- und Ausziehgleise. Außerdem gehörten auch eine Ladehalle, ein zweiständiger Lokschuppen, eine Drehscheibe und Laderampen zur Ausstattung des Bahnhofs.

In dem stattlichen Empfangsgebäude wurde 1912 noch eine Stellwerksanlage der Bauform VES 1912 der Vereinigten Eisenbahnsignalwerke Berlin eingerichtet. Mit der 1918 getroffenen Entscheidung, die Strecke nach Lenggries zu verlängern, waren die Tage des bisherigen Bahnhofs aber gezählt. Gegen den bestehenden Standort sprach die Tatsache, dass eine Beibehaltung des Kopfbahnhofs mit einem Richtungswechsel der Züge, wie man ihn vom nahegelegenen Schliersee kennt, die Reisezeiten unnötig verlängert hätte. Die Trassenführung durch oder um die Stadt herum hätte sich außerdem schwierig gestaltet. Zudem waren an der bestehenden Stelle nicht ausreichend Flächen vorhanden, um die Gleisanlagen im erforderlichen Umfang erweitern zu können. An einer Verlegung des Bahnhofs an den östlichen Stadtrand führte schließlich kein Weg vorbei. Dazu musste die bestehende Trasse bereits ab Kilometer 53,83 auf 3.200 Metern Länge etwas nach Westen und leicht tiefer gelegt werden. Um das dortige Moor trockenzulegen und den Untergrund zu befestigen, waren gewaltige Erdarbeiten erforderlich.

Die Einweihung des neuen Bahnhofs erfolgte am 3. September 1924 in Anwesenheit von Ministerpräsident Heinrich Held, der anschließend in Bad Tölz in den festlichen Eröffnungszug nach Lenggries stieg.

Der neue Tölzer Bahnhof besaß drei Hauptgleise mit Längen zwischen 550 und 627 Metern sowie einen überdachten und mit einer Unterführung ausgestatteten Mittelbahnsteig. Für die Holzverladung gab es ein insgesamt 765 Meter langes Gleis, das zu einer östlich gelegenen Lagerfläche führte. Es wurde später parallel zu Gleis 3 verlegt und diente der Entladung von Kohle und flüssigen Brennstoffen. Nach dem Zweiten Weltkrieg hatten dort auch die amerikanischen Streitkräfte eine eigene Lagerhalle für das in der Flintkaserne in Bad Tölz bis 1991 stationierte Bataillon der 3. US-Armee. Für den zu dem Stützpunkt gehörenden Flugplatz wurde am Bahnhof Bad Tölz Kerosin umgeschlagen. Am südwestlichen Bahnhofskopf befanden sich früher ein Gleis für die Bahnmeisterei und ein Schuppen, der später zur Unterstellung einer Kleinlok (Köf II) der Baureihe 323 diente. Im nördlichen Teil des Bahnhofs lagen die Güterhalle und mehrere Ladegleise mit Rampen. Sie wurden für die Stückgutortswagen und den Einzelwagenladungsverkehr genutzt. Ein beachtliches Verkehrsaufkommen bescherte Bad Tölz die Firma Moralt, die im Bereich der Holzverarbeitung tätig war. Sie bekam von den Seehäfen in Holland und Belgien riesige Baumstämme geliefert, die im Ladehof auf Gleis 4 an der Ostseite des Bahnhofs gestapelt und zwischengelagert wurden. Auch die Sonderzüge von US-Generälen wurden dort abgestellt. Von Bad Tölz nahmen ferner Tiertransporte und Wagenladungen mit Schrott nach Italien ihren Ausgang. Bis 1992 erfolgte von Bad Tölz aus zudem die Bedienung des Bahnhofs Lenggries mit Übergabezügen.

Das inzwischen unter Denkmalschutz stehende Empfangsgebäude des neuen Bahnhofs wurde nach Plänen des Münchener Architekten Georg Buchner errichtet. In seiner Mitte ragt ein Uhrturm empor, an dessen Fassade drei Reliefköpfe die römischen Götter Jupiter, Merkur und Vulkan zeigen. Auf der den Gleisen zugewandten Seite des Empfangsgebäudes befand sich in einem Erker mit großen Fensterfronten das Befehlsstellwerk (Bt), dem das Wärterstellwerk (Bn) an der nördlichen Bahnhofseinfahrt zugeordnet war. Bei Ersterem war in Bad Tölz ein elektromechanisches Stellwerk der Bauform S&H 1912 von Siemens&Halske zum Einbau gekommen. Das mechanische Wärterstellwerk der Bauart Krauss bestand von 1924 bis 1977.

Als Konsequenz aus dem Rückgang des Güterverkehrsaufkommens erfolgten vor allem in den 1980er-Jahren Rationalisierungsmaßnahmen in Form von Personalabbau und Stilllegung nicht mehr benötigter Gleisanlagen. Bad Tölz wurde 1980 zur verkehrlichen Außenstelle von Holzkirchen und als solche 1988 aufgelöst. Mit der Umstellung auf Signalisierten Zugleitbetrieb (SZB) am 26. September 1989 erhielt der Bahnhof Richtungsbetrieb, elektrisch betriebene Rückfallweichen und Lichtsignale. Das bis dahin vorhandene Stellwerk konnte damit stillgelegt werden.

In Zusammenhang mit der Aufnahme des Betriebs durch die BOB wurden im Jahr 1999 neuerlich Umbauten vorgenommen. Dazu gehörten die Anhebung der Bahnsteige auf 76 Zentimeter Höhe und die Erneuerung des Bahnsteigdaches. Gleis 3 wurde abgebaut, sodass es seither nur zwei Außenbahnsteige gibt. Die Bahnsteigunterführung konnte auf diese Weise zum Ortsverbindungsweg umfunktioniert und durch neue Rampen mit behindertengerechten Zugängen versehen werden. Im Empfangsgebäude unterhält die Bayerische Regiobahn Oberland heute ein Kundencenter.

Die Güterverkehrsstelle Bad Tölz wurde 2001 von DB Cargo aufgegeben. Ein im Juli 2003 von der Bayerischen CargoBahn unternommener Versuch, einen Gleisanschluss weiterhin zu nutzen, blieb ohne nachhaltigen Erfolg. Als unbesetzter Kreuzungsbahnhof mit nur noch zwei Gleisen nimmt Bad Tölz im Vergleich zu früher eine bescheidene Rolle ein. An die alten Zeiten erinnert nur noch das für heutige Maßstäbe großzügige, fast großstadtähnlich anmutende Ensemble aus Empfangsgebäude und Bahnsteigüberdachungen.

Spuren des alten Bahnhofs finden sich heute kaum noch, nur die Straßenbezeichnung „Alter Bahnhofsplatz“ erinnert daran. Das frühere Empfangsgebäudes wurde 1967 abgebrochen. Auf der einstigen Trasse zum alten Kopfbahnhof verläuft heute die Eisenbergerstraße.

Oben ist das inzwischen abgerissene Empfangsgebäude des alten Tölzer Bahnhofs von der Straßenseite her zu sehen. Die dortigen Anlagen (Foto unten) umfassten fünf Gleise, die auf beiden Seiten über Weichen verbunden waren, sowie je zwei Abstell- und Ausziehgleise. Wie seinerzeit üblich gehörten auch eine Ladehalle, ein zweiständiger Lokschuppen, eine Drehscheibe und Laderampen zur Ausstattung des Bahnhofs.

Das Foto oben zeigt das inzwischen unter Denkmalschutz stehende Empfangsgebäude des neuen Bahnhofs von der Straßenseite her. Im Vordergrund ist noch der Gleiskörper der alten Strecke sichtbar, die rechts zum alten Bahnhof führt. Der neue Bahnhof war bereits bei seiner Inbetriebnahme im Jahr 1924 mit Bahnsteigdächern und Bahnsteigunterführungen ausgestattet (Foto unten).

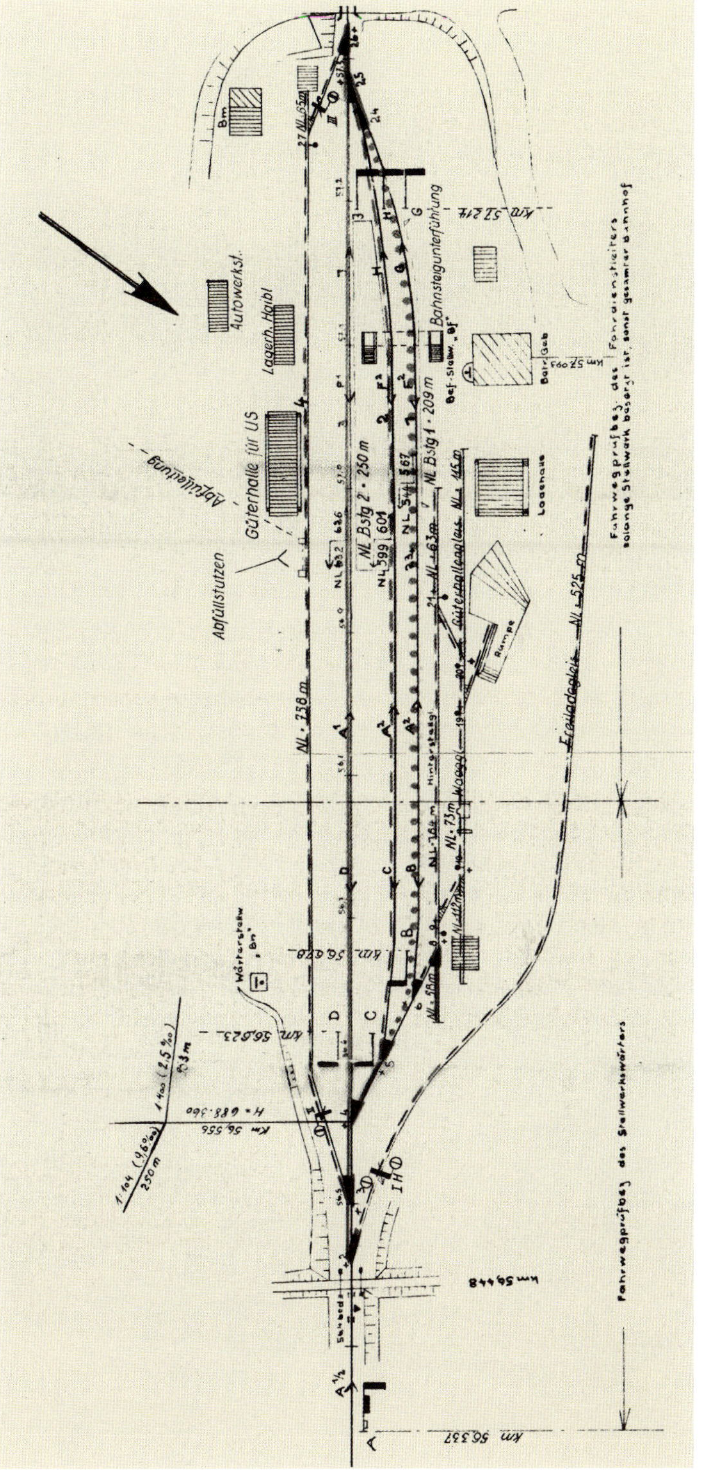

Gleisplan des Bahnhofs Bad Tölz aus dem Jahr 1962.

Der neue Tölzer Bahnhof (oben zum Zeitpunkt der Inbetriebnahme) besaß drei Hauptgleise mit Längen zwischen 550 und 627 Metern sowie einen überdachten und mit einer Unterführung ausgestatteten Mittelbahnsteig. Für die Holzverladung gab es ein insgesamt 765 Meter langes Gleis, das zu einer östlich gelegenen Lagerfläche führte und das sich auf dem Foto oben ganz links im Hintergrund erkennen lässt. Später wurde es parallel zu Gleis 3 verlegt und diente der Entladung von Kohle und flüssigen Brennstoffen. An dem Ladegleis auf der Westseite des Bahnhofs waren 1963 jene Wagen abgestellt, mit denen die Firma Moralt Holz geliefert bekam (Foto unten).

Am 29. März 1988 hält die 218 356 mit dem aus drei Wagen bestehenden Zug auf dem Weg nach Lenggries im Bahnhof Bad Tölz. (oben). Ende der 1990er-Jahre rangiert die 212 032 am nördlichen Bahnhofskopf (unten). Wenige Zeit später werden auch in Bad Tölz die Gleisanlagen massiv zurückgebaut. Heute gibt es nur noch Richtungsbetrieb für die beiden Kreuzungsgleise.

Dieses Foto von den Rangierarbeiten der 212 039 im Bahnhof Bad Tölz Ende der 1990er-Jahre zeigt noch die ursprünglich vorhandenen und inzwischen abgebauten Gleisanlagen. Links im Bildhintergrund an Gleis 4 ist noch die Güterhalle der US-Streitkräfte erkennbar. Nach rechts schwenkt das Ladegleis ab. Die Güterverkehrsstelle Bad Tölz wurde 2001 von DB Cargo aufgegeben.

Auf der den Gleisen zugewandten Seite des Empfangsgebäudes (oben) befand sich in einem mit einer Fensterfront versehenen Erker (unten) das Befehlsstellwerk (Bt), dem das Wärterstellwerk (Bn) an der nördlichen Bahnhofseinfahrt zugeordnet war. Bei Ersterem war in Bad Tölz ein elektromechanisches Stellwerk der Bauform S&H 1912 von Siemens&Halske zum Einbau gekommen. Zum Zeitpunkt der beiden Aufnahmen am 18. Dezember 2022 war nur noch eine Verkaufsstelle der BRB im Empfangsgebäude vorhanden.

In Zusammenhang mit der Aufnahme des Betriebs durch die BOB wurden im Jahr 1999 Umbauten vorgenommen. Dazu gehörten die Anhebung der Bahnsteige auf 76 Zentimeter Höhe, die Erneuerung des Bahnsteigdaches und die Schaffung behindertengerechter Rampenzugänge. Gleis 3 wurde abgebaut, sodass es seither nur zwei Außenbahnsteige gibt. Die beiden Fotos entstanden am 18. Dezember 2022.

Die übrigen Bahnhöfe und Haltestellen

Warngau

Der zwischen Holzkirchen und Schaftlach gelegene Bahnhof Warngau verfügte über zwei Durchgangsgleise mit einer Länge von rund 380 Metern, die regelmäßig für Zugkreuzungen genutzt wurden. Auf der südlichen Bahnhofsseite zweigte ein Ladegleis ab, an dem sich eine Güterhalle und eine Laderampe befanden. Das im Jahr 1899 in Betrieb genommene und im Empfangsgebäude untergebrachte Stellwerk der Bauform Krauss war bis 25. Oktober 1977 im Einsatz. Zu diesem Zeitpunkt wurde der Bahnhof Warngau zu einer unbesetzten Haltestelle herabgestuft. Gleichzeitig erfolgte die Einrichtung eines automatischen Streckenblocks zwischen Holzkirchen und Schaftlach. Im Zuge der Betriebsaufnahme der BOB erhielt Warngau, das heute als einfacher Haltepunkt fungiert, einen neuen, 76 Zentimeter hohen Bahnsteig.

Reichersbeuern

In Reichersbeuern umfassten die Gleisanlagen zwei Durchgangsgleise. Von Gleis 1 aus war über zwei Weichen ein Ladegleis angebunden. Im Jahr 1904 wurde ein Stellwerk der Bauart Krauss in Betrieb genommen. Die Umwandlung des Bahnhofs in eine unbesetzte Haltestelle erfolgte 1977. Auch Reichersbeuern, heute einfacher Haltepunkt, verfügt inzwischen über einen Bahnsteig mit einer Höhe von 76 Zentimetern.

Gaißach und Obergries

Sowohl Gaißach wie auch Obergries besaßen ursprünglich beidseitig angebundene Ladegleise. Über den Zeitpunkt ihrer Außerbetriebnahme finden sich keine genauen Daten. Die Haltestelle Gaißach wurde 1989 in einen unbesetzten Haltepunkt umgewandelt. Im Fall von Obergries geschah dies bereits 1974. Gaißach und Obergries erhielten im Zuge der Betriebsaufnahme der BOB ebenfalls neue Bahnsteig mit einer Höhe von 76 Zentimetern.

Lenggries

Am Endpunkt Lenggries bestand ein weitläufiges Bahnhofsgelände, weil sich in Verlängerung der Bahnsteiggleise nach Süden ausgedehnte Gleisanlagen für die Holzverladung anschlossen. Auf diesem Areal lagen mehrere Ladegleise, die teilweise mit Umfahrungsmöglichkeit versehen waren, eine Drehscheibe mit zweiständigem Lokschuppen und eine Unterstellmöglichkeit für eine Kleinlok. Heute befindet sich auf diesem Gelände das Betriebswerk der BRB. Der eigentliche Bahnhof verfügte anfangs über drei Bahnsteiggleise und zwei weitere beidseitig angeschlossene Gleise. Südöstlich des Hausbahnsteigs gab es zwei Ladegleise zur Güterhalle und zur Laderampe. Bis in die 1970er-Jahre befand sich dort auch ein Tank mit Dieselkraftstoff. Er diente vorwiegend der Betankung der Bahnbusse, wurde aber auch genutzt, um Triebfahrzeuge aufzutanken, die umlaufbedingt länger nicht in die Betriebswerke nach München oder Rosenheim kamen.

Heute stehen in Lenggries noch drei Gleise zur Verfügung, von denen zwei über einen Bahnsteig verfügen. Abstellmöglichkeiten gibt es im Bereich des BRB-Betriebswerkes.

Das 1924 zusammen mit dem Bahnhof in Betrieb genommene mechanische Stellwerk der Bauart Krauss war im Empfangsgebäude untergebracht und versah seinen Dienst bis 1986. Seit dem Einbau von Rückfallweichen kann die Einfahrt aus Bad Tölz immer nur auf Gleis 1 erfolgen. Um Platz für einen nachfolgenden Zug zu schaffen, muss im Bedarfsfall über den südlichen Bahnhofskopf auf Gleis 2 umgesetzt werden. Die BRB-Triebzüge nehmen aber ohnehin diesen Weg, wenn sie ins Betriebswerk zum Tanken fahren.

Marienstein

Die Strecke nach Marienstein diente ausschließlich dem Güterverkehr. Am Endpunkt entstand deshalb ein Bahnhof, dessen Gleisanlagen dem Verladen der dort geförderten Kohle und des Zements sowie der Zusammenstellung der Züge zum Übergabebahnhof an der Bahnlinie Schaftlach–Bad Tölz dienten. Für Rangierarbeiten und Überstellfahrten nach Schaftlach kamen zwei Dampfloks und eine Diesellok zum Einsatz. Nach Stilllegung des Bergwerks im Jahr 1962 blieb die Strecke für das Zementwerk noch drei Jahre in Betrieb, bis auch der Eisenbahngüterverkehr nach Marienstein eingestellt wurde.

Ab 25. Oktober 1977 wurde der Bahnhof Warngau zu einer unbesetzten Haltestelle herabgestuft. Fortan gab es nur noch ein Ladegleis. Beim Zustellen des Wagens musste die 212 039 ihren Zug Ende der 1990er-Jahre auf dem Streckengleis zurücklassen.

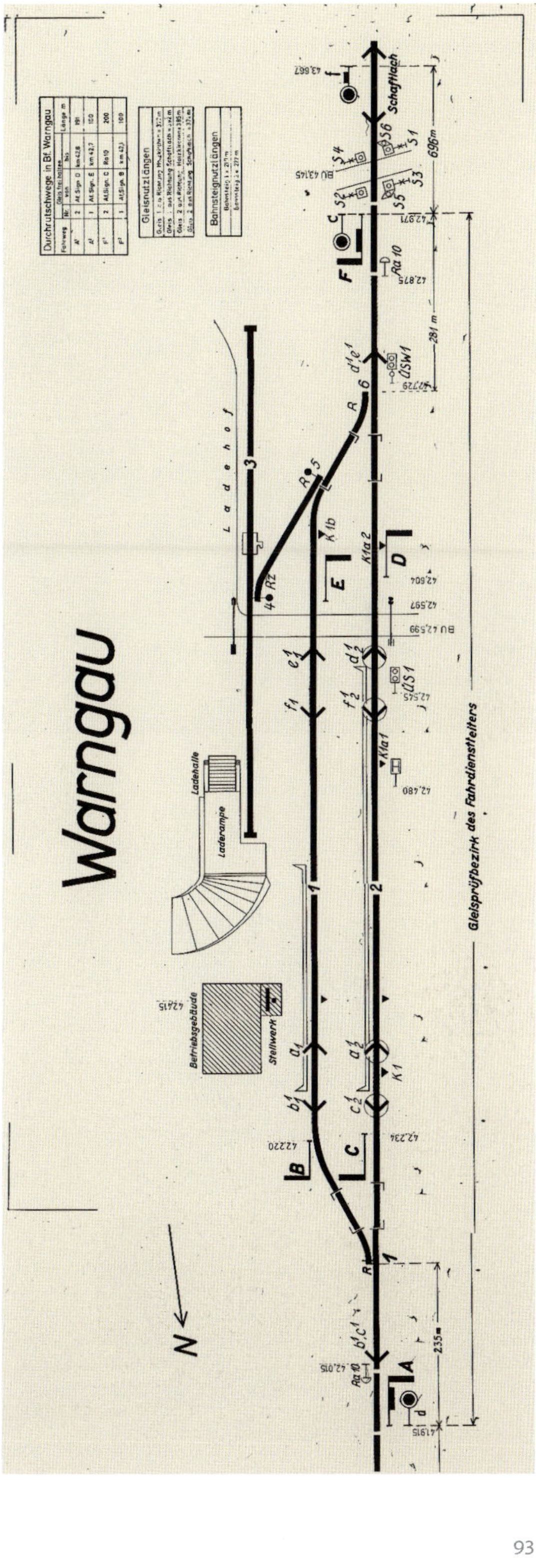

Gleisplan bis 1977.

Die 218 226 passiert im März 1974 das Empfangsgebäude an der Haltestelle Gaißach. ▲

Ein bayerisches Formsignal gibt der 215 120 im März 1974 in Reichersbeuern „Freie Fahrt".

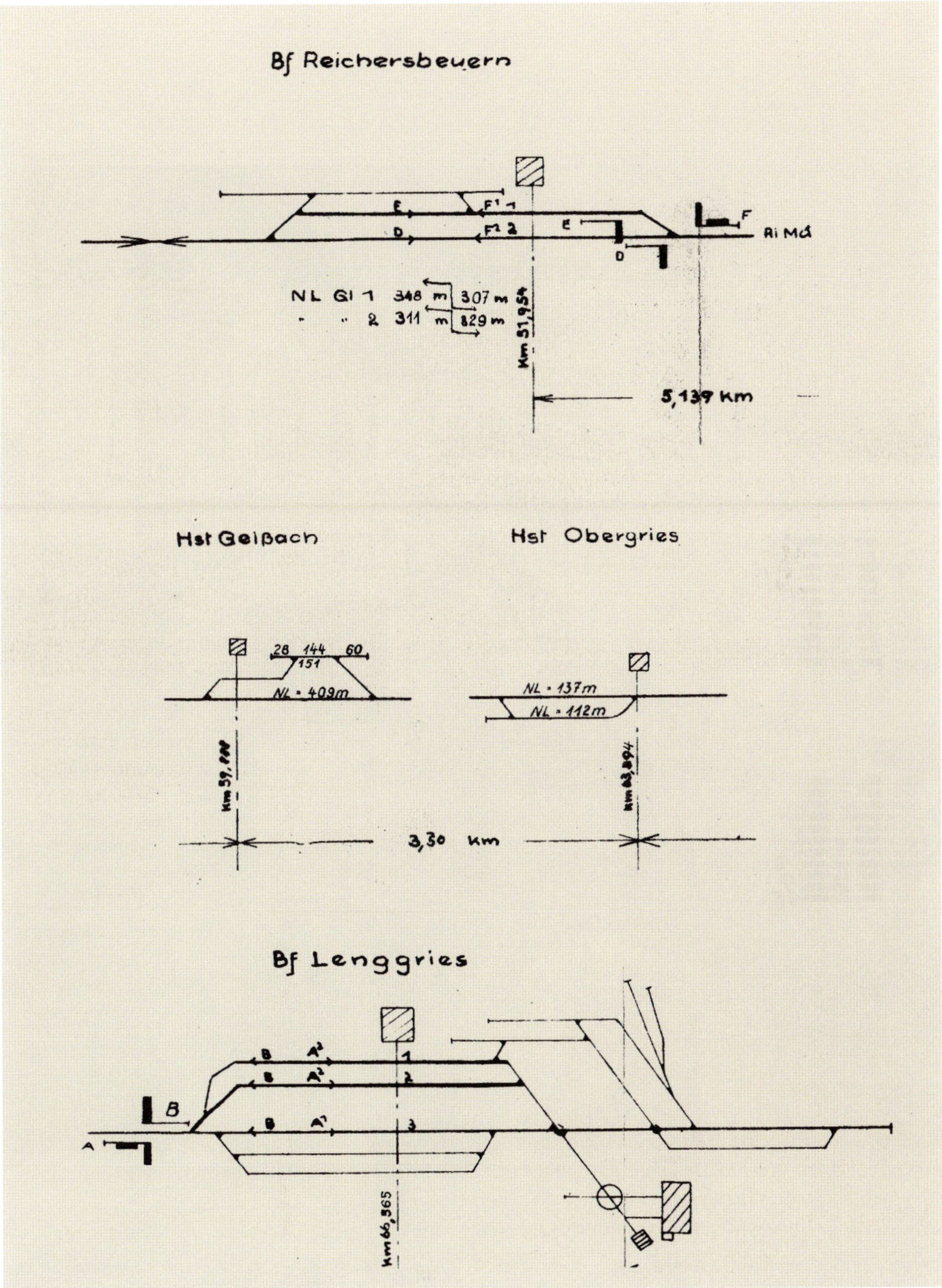

Diese Pläne zeigen die Gleisanlagen in Reichersbeuern, Gaißach, Obergries und Lenggries in den Nachkriegsjahren.

An Weihnachten 1971 musste Fahrdienstleiter Erich Zech im Bahnhof Reichersbeuern Dienst tun. Links ist der abfahrbereite Eilzug nach München zu sehen.

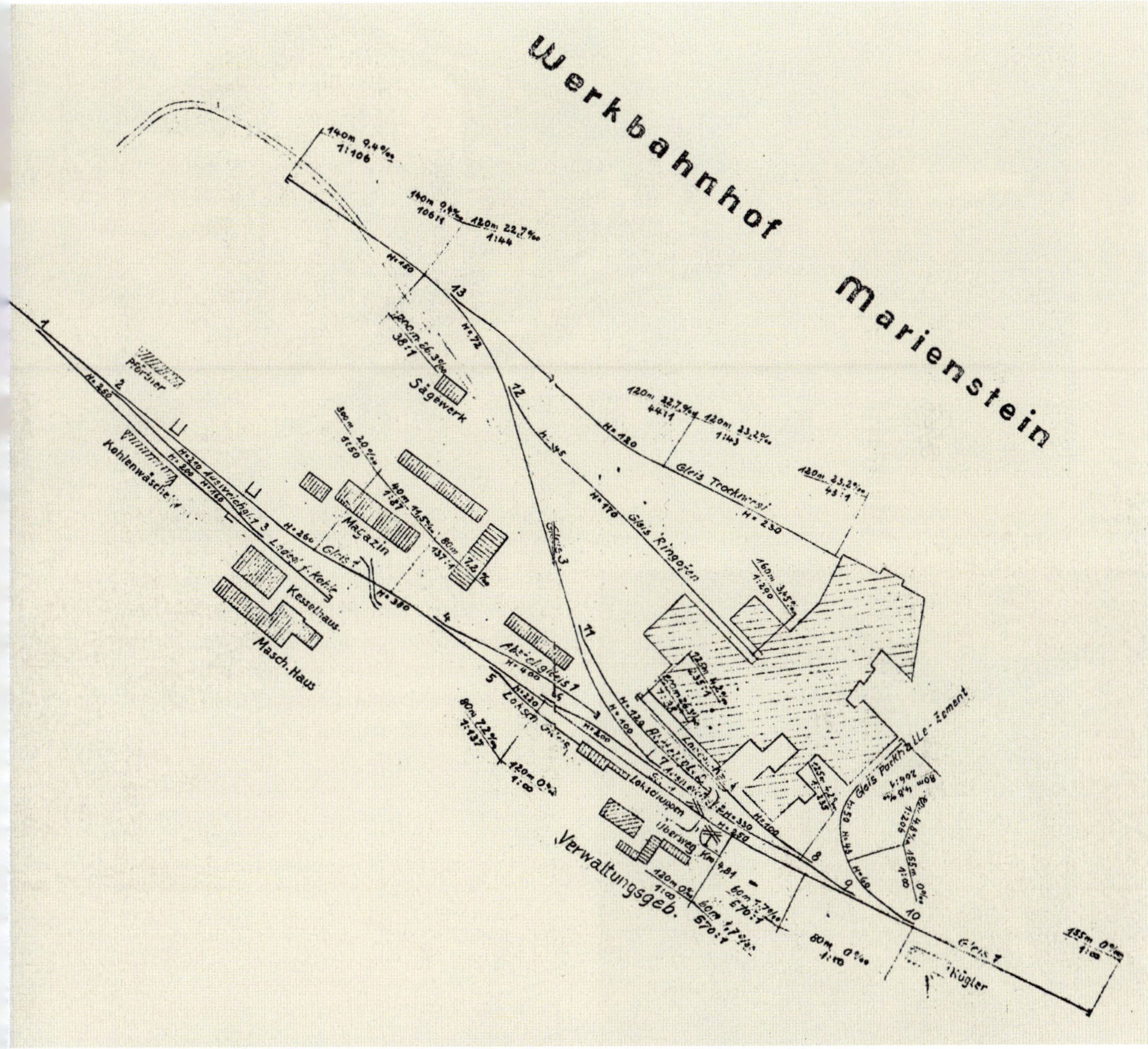

In Marienstein gab es für das dortige Kohlebergwerk und das Portland Zementwerk ausgedehnte Gleisanlagen. Auch ein Lokschuppen für die Werkslokomotiven befand sich dort.

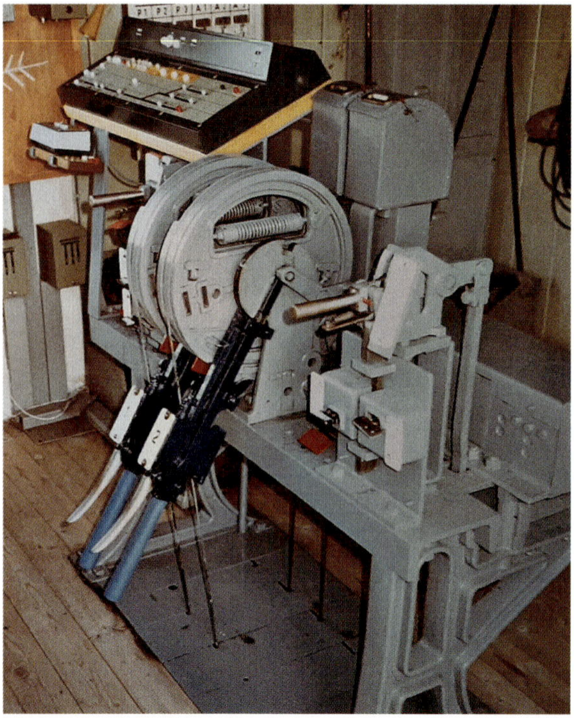

Das im März 1997 entstandene Foto zeigt die Laderampe mit dem Raiffeisen-Lagerhaus und der dahinter liegenden Güterhalle der DB. Im Hintergrund sind auf Gleis 1 ein nach München abfahrbereiter Zug und eine auf Gleis 3 abgestellte Wendezuggarnitur zu sehen. ▲

Nach der Außerbetriebnahme des mechanischen Stellwerks der Bauart Krauss im Jahr 1986 musste bis zur Einführung des Signalisierten Zugleitbetriebs 1989 eine Zwischenlösung gefunden werden. So fand sich diese Konstruktion (links) mit dem Schlüsselwerk im Vordergrund, den Weichenhebeln links davon und im Hintergrund dem Bedienpult für die Signale, den Bahnübergang (BÜ) Isarstraße und den Streckenblock.

In schneereichen Wintern müssen auf der Strecke Holzkirchen auch Schneeräumfahrten erfolgen, für die in der Vergangenheit verschiedene Lok-Baureihen zum Einsatz kamen. Auf dem zu DB-Zeiten im Bahnhof Lenggries entstandenen Foto ist die Lok 212 254 mit einem älteren „Klima"-Schneepflug zu sehen.

Auch nach der Rückkehr der im Herstellerwerk in Jenbach überholten „Integral"-Triebzüge kam zur Taktverdichtung noch bis 2003 eine Wendezug-Garnitur der DB zum Einsatz. Nach der Inbetriebnahme von drei „Talent"-Triebzügen konnte darauf verzichtet werden. Das Foto zeigt diesen DB-Wendezug am 20. April 2003 in Lenggries.

Nach dem Einbau von Rückfallweichen erfolgt in Lenggries die Einfahrt aus Bad Tölz immer nur auf Gleis 1. Um Platz für einen nachfolgenden Zug zu schaffen, muss im Bedarfsfall über den südlichen Bahnhofskopf auf Gleis 2 umgesetzt werden. Die beiden Fotos mit den „LINT"-Zügen entstanden am 18. Dezember 2022. Auf dem Foto unten ist im Hintergrund auf Gleis 3 auch noch ein „Integral" der „Eurobahn" in NRW zu sehen.

Das Bahnbetriebswerk Lenggries

Eine zentrale Rolle für den Zugverkehr im Oberland spielt heute das Bahnbetriebswerk Lenggries der BRB. Dort werden nicht nur die laufenden Wartungsarbeiten an den 31 „LINT 54"-Triebzügen erledigt, sondern auch die nach § 32 der Eisenbahn-Bau- und Betriebsordnung (EBO) vorgeschriebenen größeren Hauptuntersuchungen durchgeführt. In Lenggries finden darüber hinaus Instandsetzungsarbeiten an Triebfahrzeugen anderer Eisenbahnverkehrsunternehmen statt.

Die Entwicklung zu einem derart leistungsfähigen Betrieb war nicht von Anfang an vorgezeichnet. Die seinerzeitige Muttergesellschaft der BOB, die Deutsche Eisenbahngesellschaft mbH, hatte in Lenggries zunächst lediglich einen einfacher ausgeführten Wartungsstützpunkt errichtet, um dort nur die regelmäßigen Inspektionen, die Versorgung mit Betriebsstoffen und vereinzelte außerplanmäßige Instandhaltungsmaßnahmen erledigen zu können. Größere Fristarbeiten sollten im Herstellerwerk bei der Integral Verkehrstechnik (IVT) in Jenbach in Tirol erfolgen, wo man die entsprechenden Kapazitäten anmieten wollte.

Die Standortentscheidung für den Wartungsstützpunkt fiel zugunsten von Lenggries aus, weil hier die entsprechenden Flächen verfügbar waren. Errichtet wurde zunächst eine Halle mit zwei Gleisen, die mit Arbeitsgruben und Achssenken versehen ist. Unmittelbar neben der Werkstatt befindet sich noch ein abgetrennter Teil der Halle mit einer Außenwaschanlage für die Fahrzeuge. Für den anfänglichen Bestand von nur 17 Triebzügen der Bauart „Integral" schien diese Dimensionierung ausreichend. Möglich waren mit der vorhandenen technischen Ausstattung Wartungsarbeiten bis zur Frist F3, aber keine größeren Hauptuntersuchungen.

Richtig zufrieden waren die Verantwortlichen der BOB mit der Aufteilung der Arbeiten auf die zwei Standorte in Jenbach und in Lenggries allerdings nicht. Diese erwies sich in der Praxis als ineffizient und kostenintensiv. Dazu trug vor allem der erhöhte Aufwand für Personal und Lagerhaltung bei. Hinzu kam, dass die weiten Überführungsfahrten über Rosenheim und Kufstein viel Zeit in Anspruch nahmen und durch Trassengebühren zusätzliche Kosten verursachten. Überdies war damals bereits eine Vergrößerung der Fahrzeugflotte und dadurch ein größerer Bedarf an Werkstattkapazitäten abzusehen.

Spätestens mit der Einstellung des Fahrzeugbaus und der Auflösung der IVT AG in Jenbach im Jahr 2001 stand fest, dass es einer grundsätzlich neuen Konzeption für den Bereich der Instandhaltung bedurfte. Die Zeit drängte, weil bis 2007 die ersten Hauptuntersuchungen durchzuführen waren. Nach § 32 der Eisenbahn-Bau- und Betriebsordnung (EBO) müssen diese alle sechs Jahren erfolgen. Diese Frist kann unter bestimmten Voraussetzungen nur um maximal zwei Jahre überschritten werden.

Bei der BOB begann man deshalb, verschiedene Optionen zu untersuchen. Gegenstand der Prüfung war auch ein erneutes Outsourcing an Unternehmen der Fahrzeugindustrie oder an Eisenbahnverkehrsunternehmen wie DB AG oder ÖBB. Diese Varianten wurden schließlich verworfen, weil die Überführung der Fahrzeuge erneut Zeitverluste und Trassenkosten nach sich gezogen hätte. Auch der erhöhte Koordinationsaufwand und die geringere Flexibilität sprachen gegen diese Lösung.

Somit blieb nur die Variante, den Standort Lenggries für größere Instandhaltungsmaßnahmen („Heavy Maintenance") auszubauen. Erforderlich war dafür eine zweite Halle mit verbesserter technischer Ausstattung. Um das Bauvorhaben realisieren zu können, erwarb die Connex Verkehr GmbH, zu der die BOB damals gehörte, ein Grundstück von 5.100 Quadratmetern und pachtete eine weitere Fläche von 2.650 Quadratmetern von der Gemeinde Lenggries.

Der Neubau sollte in der Verlängerung der bestehenden Halle nach Süden entstehen, in einem Abstand von nur sechs Metern und seitlich etwas versetzt. Vorgesehen war für den Baukörper eine Länge von 75 Metern, eine Breite von 35 Metern und eine Firsthöhe von etwas mehr als 12 Metern.

Die Zufahrt zu den zwei Hallengleisen sollte über die Waschhalle und einen weiteren Schienenstrang aus dem Bahnhof Lenggries erfolgen. Direkt neben der Halle war ein zweigeschossiges Gebäude mit Werkstatt-, Lager-, Büro-, Aufenthalts- und Sozialräumen vorgesehen.

Bei der Planung galt es, den Komplex im Einklang mit dem örtlichen Baustil harmonisch in das Ortsbild einzufügen und damit die strengen Kriterien der Gemeinde Lenggries zu erfüllen. Der Planfeststellungsbeschluss der Regierung von Oberbayern erging Anfang 2003. Am 16. September desselben Jahres erfolgte der erste Spatenstich. Das Richtfest konnte schon exakt drei Monate später gefeiert werden und bereits im August 2004 wurde das Gebäude in Betrieb genommen.

Im Mittelpunkt der neuen Halle stehen zwei parallel liegende 60 Meter lange Arbeitsstände. Zwischen ihnen befinden sich relativ breite Verkehrsflächen für Flurförderfahrzeuge und großzügige Abstellmöglichkeiten. Die beiden Gleise verfügen über durchgehende Arbeitsgruben aus Stahlbeton mit Seitentaschen. Über die ganze Fahrzeuglänge hinweg erstrecken sich feste Dacharbeitsbühnen, die sich mit einem speziellen System so verschieben lassen, dass der Randspalt zwischen Bühne und Fahrzeug sehr schmal ist und somit ein Maximum an Arbeitssicherheit gewährleistet wird. Zur Ausstattung der Halle gehören zwei Portalkräne mit je 15 Tonnen Anhebemasse, je 12 Hebeböcke mit 12 Tonnen und mit 16 Tonnen Tragkraft und weitere vier für 25 Tonnen Tragkraft, um auch an Lokomotiven Arbeiten durchführen zu können. Vorhanden sind ferner eine Abgasabsauganlage für jedes der beiden Hallengleise, eine Radkraftmesseinrichtung mit sechs Messstellen und Lagerräume mit insgesamt 800 Quadratmetern Grundfläche.

Mit Inbetriebnahme des Betriebswerkes im Jahr 2004 wurde der bis dahin aus 17 „Integralen" bestehende Fahrzeugbestand um drei neue „Talent"-Triebzüge ergänzt. Nur ein Jahr später erwarb die BOB die Diesellok V 125 (ex DB 211 273), die hauptsächlich für Schneeräumfahrten vorgehalten wird. Ihr folgte 2007 schließlich noch die V 126 (ex DB 212 089).

In jenen Jahren liefen nach und nach die Hauptuntersuchungen an den „Integral"-Triebzügen. Damit waren die Werkstattkapazitäten aber bei Weitem nicht ausgeschöpft. Die Lenggrieser übernahmen daher auch die Fristarbeiten an Fahrzeugen der Württembergischen Eisenbahngesellschaft mbH (WEG), einem Schwesterunternehmen im Veolia-Konzern. Von dort kamen Regio-Shuttle und Triebwagen der Bauart NE 81 in den Isarwinkel.

Dank der technischen Ausstattung und entsprechender Kompetenz ist das unter Leitung von Armin Nachtschatt stehende Betriebswerk ein ECM-zertifiziertes Unternehmen nach VO (EU) 2019/779 für die Beseitigung von Unfallschäden und Fahrzeugumbauten. Infolgedessen haben auch andere Eisenbahnverkehrsunternehmen spezielle Arbeiten in Lenggries ausführen lassen. So wurden für die Augsburger Localbahn fünf Lokomotiven der Bauart ML 440 C des Herstellers Krauss-Maffei hauptuntersucht.

Für die Österreichische Bundesbahnen (ÖBB) wurde beispielsweise ein Prototyp der Baureihe 1216 aus der Familie der Taurus-Loks mit dem italienischen Zugsicherungssystem SCMT ausgerüstet. Auch ÖBB-„Talent"-Triebzüge der Baureihe 4023 aus Salzburg kamen vorübergehend nach Lenggries.

Mit der Zeit veränderte sich der in Lenggries betreute und disponierte eigene Fahrzeugbestand. So erforderten die ständig steigenden Fahrgastzahlen 2010 die Anschaffung eines vierten „Talent"-Triebzuges, der – anders als die schon vorhandenen drei blau-gelb lackierten Fahrzeuge – längere Zeit nur in hellgrauem Farbkleid unterwegs war. Für die Leistungen aus dem neuen, ab Dezember 2013 gültigen Verkehrsvertrag musste die Fahrzeugflotte dann aber erheblich aufgestockt werden. Anstelle der vier „Talent"-Züge der neueren Generation kamen neun sehr viel ältere Fahrzeuge dieser Baureihe ins Oberland, die bis dahin beim Schwesterunternehmen Ostseeland Verkehr GmbH (OLA) in Mecklenburg-Vorpommern und Brandenburg im Einsatz waren.

Da die BOB zu diesem Zeitpunkt auch den Betrieb im Netz Chiemgau-Inntal übernahm, musste das Betriebswerk in Lenggries vorübergehend eine weitere Aufgabe übernehmen. Von den dort vorgesehenen 35 Elektrotriebzügen des Typs „Flirt" waren nur sechs Fahrzeuge rechtzeitig geliefert worden. Ersatzweise kamen sieben „Desiro"-Züge der Vogtlandbahn zum Einsatz, die in Lenggries für ein halbes Jahr gewartet wurden.

Die V 126 wurde 2018 schließlich an die BKE Eisenbahn-Service GmbH in Ulm veräußert, sodass sich seither nur noch eine Diesellok im Bestand des Unternehmens befindet.

Die wohl tiefgreifendste Veränderung ergab sich im Jahr 2020 durch den vollständigen Tausch der Fahrzeugflotte. Anstelle der 17 „Integrale" und neun „Talente", die untereinander nicht kuppelbar waren und damit die Dispositionsfreiheit im alltäglichen Betrieb erheblich einschränkten, kamen insgesamt 31 neue „LINT 54" von Alstom ins Oberland. Dank der größeren Zahl an Fahrzeugen konnte auch die Verspätungsanfälligkeit erheblich reduziert werden. Die „Integral"-Triebzüge fanden derweil bei der Regiobahn Fahrbetriebsgesellschaft mbH in Nordrhein-Westfalen eine neue Heimat. Sie verkehren zwischen Kaarster See und Wuppertal Hbf (seit Dezember 2020) sowie zwischen Remscheid-Lennep und Düsseldorf (seit 11. Dezember 2022). Die Techniker der BRB unterstützen mit ihrem besonderen Know-how das Team der Betriebswerkstatt in Mettmann vor Ort. Außerdem kommen die „Integrale" zu größeren Überholungs- und Fristarbeiten weiterhin nach Lenggries.

Derzeit hat das Betriebswerk Lenggries für den Zwei-Schichten-Betrieb rund 45 Mitarbeiterinnen und Mitarbeiter. In einer dreijährigen Lehre werden außerdem Mechatroniker, Industrieelektriker und -mechaniker ausgebildet. Für die Gemeinde und den Isarwinkel ist die BRB damit ein wichtiger Arbeitgeber.

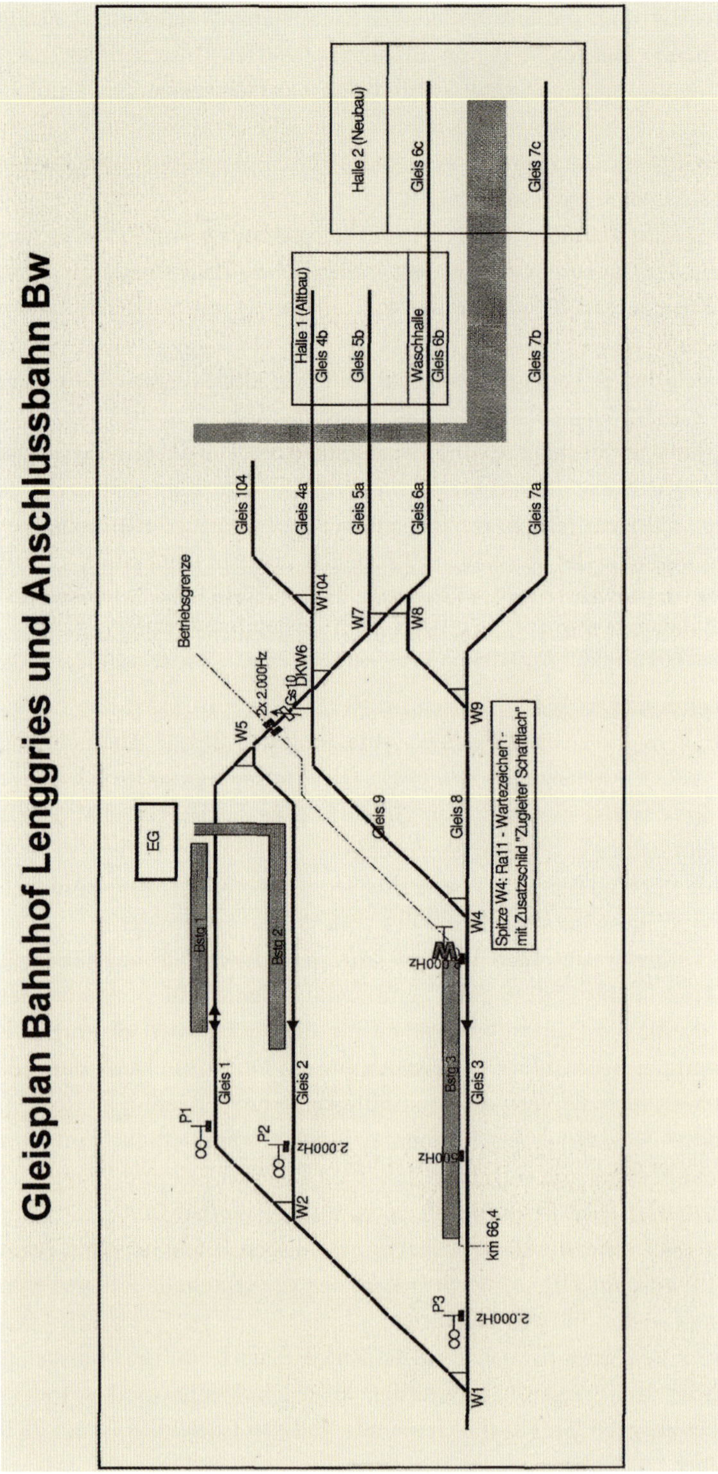
Gleisplan Bahnhof Lenggries und Anschlussbahn Bw
Halle 2 (Neubau)
Gleis 6c
Gleis 7c
Halle 1 (Altbau)
Gleis 4b
Gleis 5b
Waschhalle
Gleis 6b
Gleis 7b
Gleis 104
Gleis 4a
Gleis 5a
Gleis 6a
Gleis 7a
Betriebsgrenze
W104
W7
W8
DKW6
2x 2.000Hz
Gs10
W5
W9
Spitze W4: Ra11 - Wartezeichen - mit Zusatzschild "Zugleiter Schaftlach"
Gleis 9
Gleis 8
EG
Bstg 1
Bstg 2
W4
Bstg 3
Gleis 1
Gleis 2
Gleis 3
P1
P2
2.000Hz
W2
km 66,4
P3
2.000Hz
W1

Im Vorfeld der Übernahme des Betriebs durch die Bayerische Oberlandbahn wurde in Lenggries südlich des DB-Bahnhofs ein Betriebswerk der BOB errichtet. Während der Bauarbeiten lief noch der Betrieb mit den von der Baureihe 218 gezogenen Zügen von DB Regio (oben). Das Foto unten zeigt das Bw am 18. Dezember 2022. Links befindet sich das alte Gebäude mit der Waschhalle. Rechts im Hintergrund sieht man die neue, im Jahr 2004 errichtete Halle.

Unmittelbar vor der Werkstatthalle in Lenggries befinden sich die Einrichtungen für die Betankung der Fahrzeuge (oben und unten). Zwischen 2007 und 2018 gehörte auch die V 126 (ex DB 212 089) zum Triebfahrzeugbestand der BOB (Foto unten am 28. Dezember 2015).

Im August 2004 wurde am Standort Lenggries für größere Instandhaltungsmaßnahmen (sogenannte Heavy Maintenance) eine zweite Halle mit verbesserter technischer Ausstattung in Betrieb genommen. Sie verfügt über zwei parallel liegende 60 Meter lange Arbeitsstände. Zwischen ihnen befinden sich relativ breite Verkehrsflächen für Flurförderfahrzeuge und großzügige Abstellmöglichkeiten (Fotos: 5. April 2022).

Errichtet wurde in Lenggries zunächst eine Halle mit zwei Gleisen, die mit Arbeitsgruben und Achssenken versehen ist. Für den anfänglichen Bestand von nur 17 Triebzügen der Bauart „Integral" schien diese Dimensionierung ausreichend. Die beiden Fotos zeigen zwei „LINT 54"-Züge (oben) und den 4023 003 der ÖBB neben dem „Integral" VT 112 (unten) in dieser Werkstatthalle.

Dank der technischen Ausstattung und entsprechender Kompetenz ist das unter Leitung von Armin Nachtschatt stehende Betriebswerk ein ECM-zertifiziertes Unternehmen nach VO (EU) 2019/779 für die Beseitigung von Unfallschäden und Fahrzeugumbauten. Infolgedessen haben auch andere Eisenbahnverkehrsunternehmen spezielle Arbeiten in Lenggries ausführen lassen. Am 24. August 2009 ist beispielsweise der NE 81-Triebwagen der Wieslauftalbahn im Bw Lenggries aufgebockt.

Weil bei dem als Restaurant-Zug „Blue Star Train" genutzten früheren TEE-Triebzug der Baureihe VT 601 Fahrwerksfedern defekt waren, kamen Teile des Zuges mehrfach zur Reparatur ins Bw der BOB nach Lenggries. Das Foto entstand am 24. August 2009.

Für den Ersatzverkehr während der Überholung der „Integral"-Züge im Herstellerwerk in Jenbach war zeitweise auch der Einsatz von NoHAB-Loks erwogen worden. Aus technischen Gründen kam es letztlich nicht dazu. Mehrere der Loks waren aber längere Zeit in Holzkichen und Lenggries abgestellt. Das Foto zeigt die V 170 1151 an der Fahrzeughalle in Lenggries.

Der Triebzug „Integral“

Der „Integral“-Triebzug verdient an dieser Stelle besondere Beachtung, weil es sich um ein in vielerlei Hinsicht bemerkenswertes Fahrzeug handelt, das bis heute eng mit der Bayerischen Oberlandbahn und der Geschichte des Lenggrieser Betriebswerkes verbunden ist. Der österreichische Hersteller, die Integral Verkehrstechnik (IVT), ein Tochterunternehmen der vor allem durch den Bau von Dieselfahrzeugen bekannten Jenbacher Werke, beschritt mit der Entwicklung der Triebzüge völlig neue Wege. Die Absicht war, auf modularer Basis eine Fahrzeugfamilie für unterschiedliche Antriebsarten zu konzipieren.

Als geplante Einsatzgebiete hatten die Ingenieure den Zubringerverkehr aus der Region zu Ballungszentren mit einstöckigen Diesel- oder Elektrofahrzeugen, den hochdynamischen S-Bahn-Verkehr mit einstöckigen Elektrotriebfahrzeugen sowie den Hochleistungsverkehr mit doppelstöckigen Elektrotriebfahrzeugen im Blick. Die angestrebten Variationsmöglichkeiten erforderten modular konzipierte Baukastenelemente mit standardisierten mechanischen, elektrischen und elektronischen Schnittstellen für die verschiedenen Fahrzeugtypen und Antriebssysteme.

Der „Integral“ schien sich wie kaum ein anderes Fahrzeug für die spezifischen Bedingungen des Betriebs im Bayerischen Oberland zu eignen. Hohe Beschleunigungswerte und die unkomplizierte und schnelle Möglichkeit zu kuppeln erwiesen sich für das Flügelzug-Konzept und den Mischbetrieb im Münchner S-Bahn-Netz als sehr vorteilhaft. Man entschied sich deshalb, 17 dieser Gliederzüge in fünfteiliger Konfiguration zu beschaffen. Sie bestanden aus den beiden angetriebenen Endwagen und einem antriebslosen Zwischenwagen, zwischen denen jeweils eine Fahrgastzelle ohne Laufwerke eingehängt war.

Zu den Besonderheiten des Fahrzeugs gehören die neuartigen radial einstellbaren Einzelachsfahrwerke. Deren hydraulische Stellglieder erhalten Steuersignale, die aus dem Knickwinkel der Wagenkästen generiert werden. Durch diese Konstruktion kann der Verschleiß an Rad und Schienen minimiert und auch die Lärmbelastung bei Kurvenfahrten deutlich reduziert werden. Je zwei Fahrwerke werden durch die Verbindung der Sekundärluftfederkreise zu einem Tandemfahrwerk mit einem sogenannten virtuellen Drehgestellrahmen. Eine Luftfederung sorgt darüber hinaus für hohen Fahrkomfort, reduziert Fahrgeräusche und hält den Abstand zwischen Schiene und Wagenkasten unabhängig vom Beladungszustand konstant.

Eine weitere Neuerung stellten die Gelenkkupplungen zwischen den Modulen dar. Die dort vorhandenen passiven Hydrauliksysteme dienen der Schlinger-Stabilisierung und dazu, Pufferstöße in Längsrichtung zu dämpfen. In das elektro-pneumatische Bremssystem sind die hydraulische Retarderbremse, eine Magnetschienenbremse und die Federspeichenbremse integriert.

Der „Integral“ verfügt über moderne Leittechnik aus drei Leitrechnern, die über einen vollredundanten Zugbus nach UIC 556 miteinander verbunden sind. Zum Steuersystem gehört ein umfangreiches Diagnosesystem, das Fehlermeldungen erfasst und dem Triebfahrzeugführer auf dem Systemdisplay im Führerstand anzeigt. Nach dem Kuppeln oder Entkuppeln wird der „Integral" in nur einer Minute wieder betriebsbereit und vollzieht eine teilautomatische Bremsprobe.

Die Höchstgeschwindigkeit des Triebzuges beträgt 160 km/h (zugelassen aber nur 140 km/h). Für den Antrieb sorgen drei Motoren der Bauart MAN D2876 LUH mit je 315 kW Leistung. Sie sind auf die beiden Endwagen verteilt und treiben die Treibachsen über ein hydrodynamisches Turbogetriebe, Gelenkwellen und Achsgetriebe an.

Die Achsanordnung lautet somit A' A' 1 ' 1 ' 1 ' A'. Durch seine starke Motorisierung erreicht der „Integral" bei einer Geschwindigkeit von bis zu 60 km/h Beschleunigungswerte von 0,6 m/s². Das 53 Meter lange Fahrzeug verfügt über 164 Sitzplätze (12 davon in der 1. Klasse). Das Leergewicht/Dienstgewicht beträgt 87 Tonnen, die maximale Radlast auf den beiden Achsen 20 Tonnen.

Gerade wegen ihrer innovativen Technik bereiteten die „Integrale" bei ihrer Inbetriebsetzung der Herstellerfirma und der BOB allerhand Kummer. Verzögerungen bei der Auslieferung, zu wenig Zeit für einen umfassenden Probebetrieb und manche Kinderkrankheiten bei der Leittechnik und Steuerungs-Software erschwerten den Start erheblich. Nach gravierenden Pannen mussten sämtliche Fahrzeuge im Herstellerwerk in Jenbach überarbeitet werden.

Die nötigen Nachbesserungen belasteten das Unternehmen so stark, dass sich die traditionsreichen Jenbacher Werke vollständig aus der Fertigung von Eisenbahnfahrzeugen zurückzogen. So kam es, dass es bei den 17 Exemplaren der offiziell als VT 609 klassifizierten Baureihe blieb und bei der IVT keine weiteren Fahrzeuge mehr gebaut wurden. Die Muttergesellschaft der BOB erwarb seinerzeit Rechte an der Fertigung. Die Hoffnung war, die Fahrzeuge gemeinsam mit dem Bombardier-Konzern weiter bauen zu können. Dieser hatte zu jener Zeit aber gerade den Hersteller Talbot und mit ihm die Fertigung des Triebzuges „Talent" übernommen. Somit bestand kein Interesse, sich mit dem „Integral" im eigenen Unternehmen Konkurrenz zu machen.

Nach den anfänglichen Problemen, die größtenteils der fehlenden Erprobungszeit geschuldet waren, haben die „Integrale" die in sie gesteckten Erwartungen durchaus erfüllt. Den gegenüber vergleichbaren Serienfahrzeugen höheren Wartungsaufwand nahm man in Anbetracht der Vorzüge im Hinblick auf Leistungsfähigkeit und Wintertauglichkeit gerne in Kauf.

Dass der Abschied vom „Integral" im Jahr 2020 dennoch unvermeidbar war, hing vor allem damit zusammen, dass die nur 17 Einheiten für einen stabilen Betrieb und die steigenden Fahrgastzahlen nicht mehr ausreichten.

In der Regiobahn Fahrbetriebsgesellschaft mbH in Nordrhein-Westfalen fand sich 2020 aber ein dankbarer Abnehmer für die Züge. Seit 2021 fahren die „Integrale" dort als S 28 auf der Strecke von Wuppertal Hbf durch das Neandertal und über Düsseldorf und Neuss bis zum Kaarster See. Außerdem stehen sie seit Dezember 2022 als „Düssel-Wupper-Express" (RE 47) im Einsatz und verbinden mit einer stündlichen, umsteigefreien Direktverbindung die Region Remscheid mit der Landeshauptstadt Düsseldorf.

Die Verbindung zur alten Heimat ist aber dennoch nicht abgerissen. Wegen des besonderen Know-hows der Lenggrieser Werkstätte sind sie regelmäßig für die Hauptuntersuchung nach EBO §32/33 im Oberland zu Gast.

Weil die seit 2020 bei der Regiobahn Fahrbetriebsgesellschaft mbH in Nordrhein-Westfalen eingesetzten „Integrale" ihre Hauptuntersuchung nach EBO §32/33 weiterhin im Bw Lenggrieser erhalten, sind sie – wie der VT 103 am 5. April 2022 auf dem Foto oben – weiterhin im Isarwinkel anzutreffen. Das Bild unten zeigt den Blick in das mit 12 Sitzplätzen ausgestattete Abteil der 1. Klasse des „Integrals".

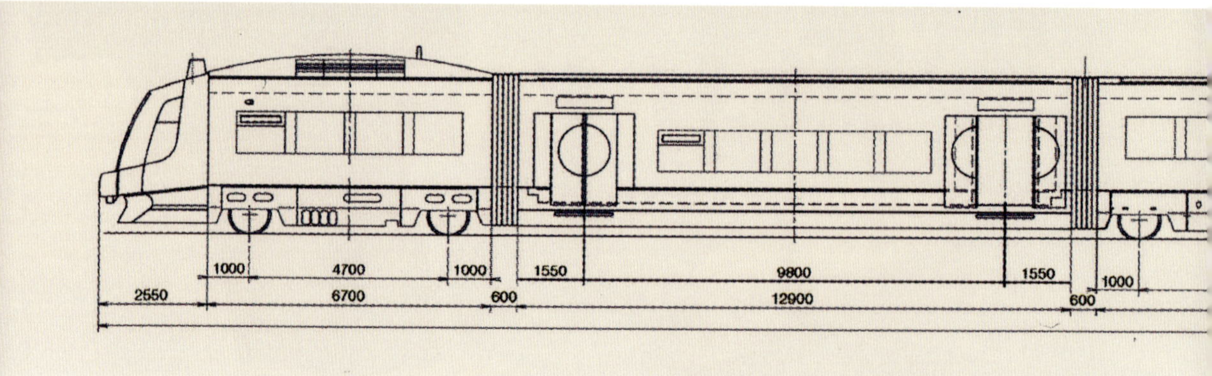

Die Bayerische Oberlandbahn beschaffte insgesamt 17 „Integral"-Triebzüge in fünfteiliger Konfiguration. Die Fahrzeuge bestanden aus den beiden angetriebenen Endwagen und einem antriebslosen Zwischenwagen, zwischen denen jeweils eine Fahrgastzelle ohne Laufwerke eingehängt war. Zu den Besonderheiten des Fahrzeugs gehören die neuartigen radial einstellbaren Einzelachsfahrwerke. Hohe

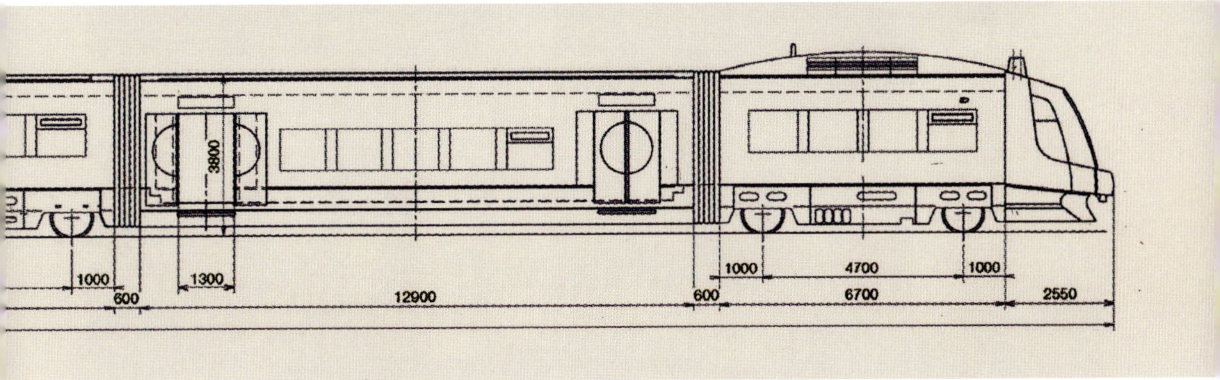

Beschleunigungswerte und die unkomplizierte und schnelle Möglichkeit zu kuppeln erwiesen sich für das Flügelzug-Konzept und den Mischbetrieb im Münchner S-Bahn-Netz als sehr vorteilhaft. Das Foto (oben) zeigt eine dreiteilige Komposition am 6. Januar 2018 zwischen Holzkirchen und Warngau.

Die Fotos vom 5. April 2022 zeigen Motor-/Getriebeeinheiten vor einem der Fahrzeuge der Regiobahn in Nordrhein-Westfalen (oben) und eines der Fahrzeugmodule auf Hebeböcken (unten).

Das Eisenbahnunglück bei Warngau

Das Eisenbahnunglück bei Warngau, das sich am 8. Juni 1975 ereignete, war eines der bis dahin schwersten in Deutschland. Wie konnte es dazu kommen? Auf allen eingleisigen Strecken müssen sich die Züge in sogenannten Kreuzungsbahnhöfen begegnen. In der Regel gibt der Fahrplan vor, wo die Zugkreuzung geschehen sollte. War dies nicht der Fall oder hatten Züge Verspätung, mussten sich die Fahrdienstleiter auf fernmündlicher Basis darüber verständigen, wo die Begegnung stattfinden sollte. Das Verfahren dafür ist streng geregelt und sieht vor, dass der eine Fahrdienstleiter den Zug anbieten und der andere diesen klar verständlich annehmen muss. Mit dem sogenannten Streckenblock sorgt heute eine technische Sicherung dafür, dass nicht zwei Züge in einen Gleisabschnitt einfahren können und schützt damit vor Fehlhandlungen der Fahrdiensteiter.

Im Fall des Unglücks von Warngau kam es zu einer unglücklichen Verkettung von verschiedenen Umständen und Fehlern. Bei einem der beteiligten Züge handelte es sich um den Eilzug E 3591 von München nach Lenggries und Tegernsee, der seit Jahren täglich in dieser Fahrplanlage verkehrte. Er sollte Warngau planmäßig um 18.27 Uhr verlassen und in Schaftlach um 18.33 Uhr eintreffen. Der Gegenzug E 3594 fuhr dagegen nur an Sonntagen, um dem stärkeren Verkehrsaufkommen im Ausflugsverkehr Rechnung zu tragen. Er war erst zum Fahrplanwechsel am 1. Juni 1975 eingerichtet worden und verkehrte am Unfalltag zum zweiten Mal. Seine planmäßige Abfahrtszeit in Schaftlach war um 18.28 Uhr vorgesehen, womit die Begegnung mit dem Gegenzug planmäßig auf freier Strecke stattgefunden hätte. Bei dieser zur damaligen Zeit keineswegs ungewöhnlichen Praxis einer sogenannten Luftkreuzung gingen die Fahrplanmacher davon aus, dass sich die beiden Fahrdienstleiter von Mal zu Mal darüber verständigen würden, in welchem der beiden Bahnhöfe die Kreuzung stattfinden würde. Am Abend des 8. Juni 1975 geschah das nicht in der vorgeschriebenen Form und führte zu einem fatalen Missverständnis. Der Fahrdienstleiter in Schaftlach ging davon aus, dass sein Kollege den E 3594 angenommen habe und schickte seinen Zug deshalb auf die Strecke. Auch der Kollege in Warngau verhielt sich im Meldeverfahren nicht vorschriftsgemäß und gab dem E 3591 freie Fahrt. Bei Kilometer 44,312 stießen dann beide Züge um 18.31 Uhr auf freier Strecke frontal zusammen. Einer der Lokführer hätte das Verhängnis vielleicht noch erkennen können, weil das Überwachungssignal eines automatisch gesteuerten Bahnübergangs wegen des entgegenkommenden Zuges eine Störung gezeigt haben müsste. Aus nicht mehr nachvollziehbaren Gründen blieb dieser Sachverhalt unbemerkt. Da der Streckenabschnitt mitten im Wald in einer Kurve lag, hatten die beiden Triebfahrzeugführer keine Chance, sich rechtzeitig zu sehen und die Züge zum Stehen zu bringen. Die Diesellokomotiven 218 238 und 218 243 prallten deshalb mit relativ hoher Geschwindigkeit aufeinander. Insgesamt 41 Tote und 122 Verletzte waren zu beklagen. Die meisten Menschen starben in einem

Wagen der Gattung ABn, der aufgrund seiner Leichtbauweise fast auf ganzer Länge zerstört wurde. Neben den beiden Fahrdienstleitern stand wegen des Unglücks auch der zuständig Planer des Fahrplans vor Gericht. Alle drei erhielten Freiheitsstrafen auf Bewährung. Die DB verbot nach dem Unfall Luftkreuzungen und installierte zwischen Holzkirchen und Schaftlach einen Streckenblock, der seither verhindert, dass zwei Züge gleichzeitig auf die Strecke kommen. Die 218 238 konnte wieder instandgesetzt werden, während die 218 243 verschrottet werden musste.

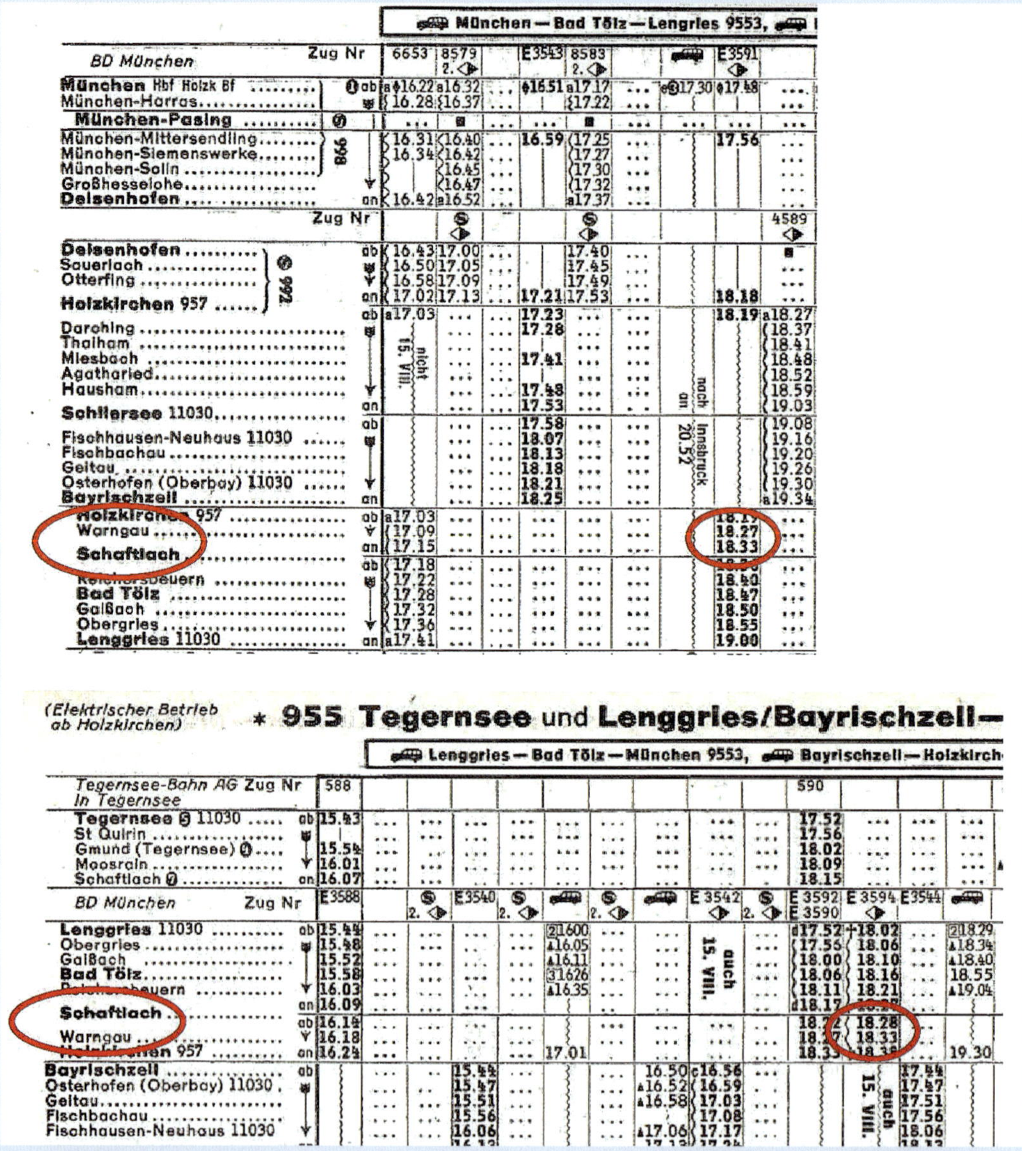

Im Fahrplanbild 955 des Kursbuchs vom Sommer 1975 sieht man die sogenannte Luftkreuzung der Eilzüge E 3591 und E 3594, die als eine der Ursachen für das schwere Eisenbahnunglück bei Warngau gilt.

Ein Bild der Zerstörung bot der Unfallort bei Warngau, wo am 8. Juni 1975 die Diesellokomotiven 218 238 und 218 243 mit relativ hoher Geschwindigkeit frontal aufeinanderprallten und 41 Menschen den Tod fanden.

Literaturverzeichnis

Bufe, Siegfried (1984), *Eisenbahn in Oberbayern*, Egglham, Bufe-Fachbuch-Verlag.

Bufe, Siegfried, Geier, Hannes, Hufschläger Helge (2001), *Tegernsee Bahn*, Egglham, Bufe-Fachbuch-Verlag.

Franzke, Armin (2010), *Bayerische Oberlandbahn*, in: Machel, Wolf-Dietger [Hrsg.]: *Neben- und Schmalspurbahnen in Deutschland*. Loseblatt-Ausg. München, GeraNova.

Hufschläger Helge, Zeitler, Walther, *Tegernsee Bahn* (1983), Egglham, Bufe-Fachbuch-Verlag.

Klee, Wolfgang (1993), *Bayern-Report – Bayerische Eisenbahngeschichte Teil 1*, Eisenbahn-Journal Archiv III/93.

Klee, Wolfgang (1995), *Bayern-Report – Gleispläne und Streckengeschichte*, Eisenbahn-Journal Archiv III/95, Band Nr. 3.

Preuss Erich (Hrsg.), *Das große Archiv der deutschen Bahnhöfe*, GeraMond.

Wittich, Stefan (2021), *Eisenbahnen im Oberland – Von Holzkirchen nach Bayrischzell*, Erfurt, Sutton Verlag.

Wittich, Stefan (2021), *Eisenbahnen im Oberland – Die Tegernsee Bahn*, Erfurt, Sutton Verlag.

Bildnachweis

Stadtarchiv Bad Tölz: S. 12, 13 oben, 13 unten, 14 unten, 16, 18 unten, 19 oben,83 unten, 84 oben, 86 oben und unten; Robert Bayer: S. 38 oben, 39 oben, 39 unten, 71, 72 oben, 72 unten, 73 oben, 73 unten; Bayerische Regiobahn (BRB): S. 104, 10 unten, 114/115 (unten); Bayerischer Rundfunk: S. 38 unten; Siegfried Bufe: S. 42, 44 oben, 44 unten, 46 oben, 46 unten, 48 unten, 61, 77 unten, 94 oben, 94 unten; DB Netz: S. 62/63; DB Museum Nürnberg: S. 14 oben, 17 oben, 17 unten, 18 oben, 84 unten; Erich Eckmair: S. 98 unten; Dipl.-Ing. Helge Hufschläger: Einband vorn, S. IV, 30, 33, 34/35, 37 oben, 37 unten; Sammlung Hufschläger: S. 21 oben, 21 unten, 69, 83 oben; Wolfgang Immerz/Sammlung Stefan Wittich: S. 47 unten; Hartmut Köpferl/Sammlung Michael Köpferl: S. 32 oben, 32 unten, 97; Sammlung Günter Platschek: S. 11; Georg Sattler: S. 87 oben, 98 oben; Robert Schäffer: S. 85, 95, 119 oben, 119 unten; Sammlung Benedikt Trischberger: S. 70, 93; Privatarchiv Hans Winklmair: S. 19 unten, 31 oben, 31 unten; Stefan Wittich: S. 2, 3, 6, 45 oben, 56 oben, 56 unten, 57, 58 oben, 58 unten, 62 unten, 63 unten, 64 oben, 64 unten, 65 oben, 65 unten, 66 oben, 66 unten, 76 oben, 76 unten, 77 oben, 78, 79 oben, 79 unten, 80 oben, 80 unten, 89 oben, 89 unten, 90 oben, 90 unten, 100 oben, 100 unten, 105 unten, 106 unten, 106 oben, 107 oben, 107 unten, 108 oben, 109, 110 oben, 113 oben, 113 unten, 114/115 (oben), 116 oben, 116 unten, Einband hinten; Sammlung Wittich: Vorsatz, S. 15, 20, 22, 36, 40, 43 unten, 45 oben, 118, Nachsatz; Andreas Zech/Sammlung Andreas Zech: S. 41 oben, 41 unten, 43 oben, 47 oben, 48 oben, 54 unten, 54 oben, 55, 71 unten, 74/75, 87 unten, 88, 92, 96, 99 oben, 99 unten, 105 oben, 110 unten.

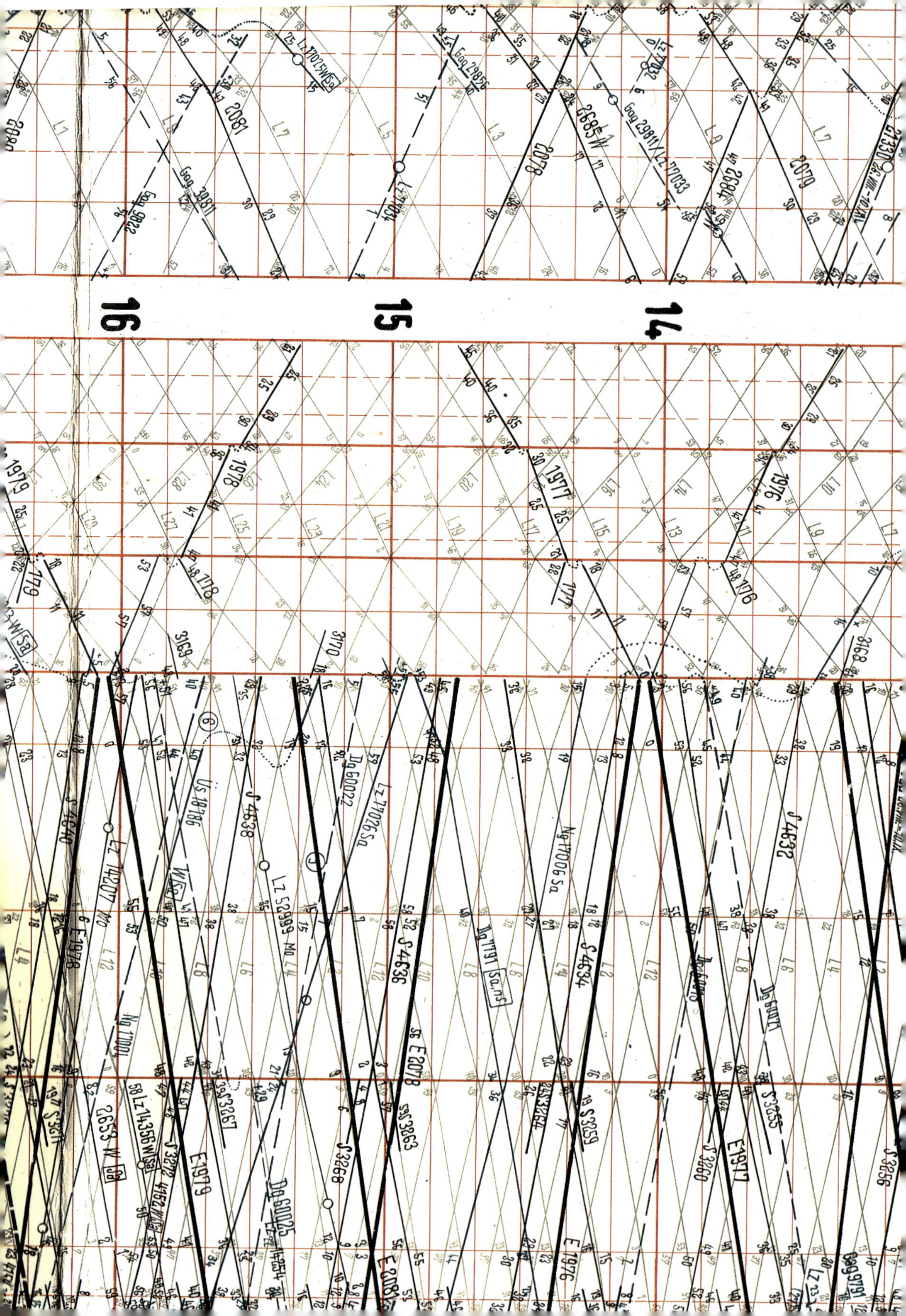